KB083276

나는 나무처럼 살고 싶다

나는 나무처럼 살고 싶다

30년간 아픈 나무들을 돌봐 온 나무 의사 우종영이
나무에게 배운 단단한 삶의 지혜 35

우종영 지음

메이븐
MAVEN

나무를 만나다

문제아. 어린 시절의 내가 꼭 그랬다. 워낙 자유분방한 성격 탓
도 있었지만 남들은 한두 해 겪고 마는 사춘기를 나는 성장기
내내 아주 호되게 앓았다. 색약 판정을 받고 유일한 꿈인 천문
학자의 길을 포기한 다음부터는 더 그랬다. 술과 담배를 배운
것도 그때였다. 하지만 그럴수록 밑도 끝도 없이 치밀어 오르
는 세상에 대한 분노가 풀리기는커녕 더 쌓여만 갔다. 그렇게
허송세월한 시간이 얼마일까.

스물을 넘기고, 군대를 가고, 중동에 다녀오고, 그리고 나서 나는 결혼을 했다. 처갓집의 반대를 무릅쓰고 강행한 결혼인데, 스물일곱 살에 별반 재주도 없는 내가 할 수 있는 일은 거의 없었다.

사랑하는 사람을 데려다 놓고 굶길 수는 없는 노릇. 중동에 가서 벌어 온 돈으로 땅을 임대해서 농사를 시작했더랬다. 딴에는 잘 알려지지 않은 나무와 꽃을 키워서 팔면 돈벌이가 되겠지 싶어 시작한 일이었다. 하지만 꼭 삼 년 만에 폭삭 망해 버렸다. 당장 먹고 살 길이 막막했지만, 나를 가장 비참하게 만든 것은 세상이라는 거대한 장벽 앞에서 한없이 초라해지는 내 자신이었다. 그래서 부끄럽지만 그때 세상에 태어나 처음으로 눈물을 흘렸다.

망연자실한 채 북한산에 오르길 며칠, 어느 날 정상에 올라섰는데 그만 삶을 놓아 버리고 싶다는 생각이 들었다.

'지금까지 뭣 하나 제대로 한 게 없구나. 차라리 죽어 버리자. 더 이상 살아서 무엇 하리…….'

그 순간 문득 나무가 내 눈에 들어왔다. 어린 시절 학교보다 산에서 보낸 시간이 더 많았는데, 그러고 보면 지나간 내 삶의 언저리에는 항상 나무가 있었다. 내가 힘들어할 때마다 말없이 위안이 되어 주고, 삶에 대한 희망을 품게 하고, 생활의 기반도 되어 주었던 나무. 그렇게 지난 세월 나무와 함께했던 추억들을 떠올리는데, 갑자기 나무가 내게 이런 말을 하는 듯했다.

"나도 사는데, 너는 왜 아까운 생명을 포기하려 하는 거니?"

죽음의 문턱에서 나무가 나를 부른 거였다. 한번 뿌리를 내리면 평생 그 자리를 떠날 수 없는, 그러나 결코 불평하거나 포기하지 않고 자신의 삶에 최선을 다하는 나무가 말이다. 순간 삶을 포기하려고 했던 나 자신이 부끄러워졌다. 내 곁에 항상 있었지만 그 존재를 미처 깨닫지 못하고 있었던 나무를 나는 그렇게 만났다.

나무 의사가 되다

마음을 다잡은 나는 아내와 함께 조그만 화원을 시작했다. 처음엔 화분 몇 개가 전부였지만, 제대로 키우지 못할 것 같은 사람에겐 아예 나무를 팔지 않았지만, 그래도 나무를 아끼는 마음이 통했는지 계속해서 손님이 늘어 갔다. 그렇게 화원이 자리를 잡아가자 나는 전국 방방곡곡을 다니며 나무들을 관찰하고, 연구하기 시작했다. 그렇게 나무에 미쳐 보낸 시간이 수년, 소일거리로 가정집 정원수들을 돌보다 우연한 기회에 어느 대기업 건물의 나무들을 돌보게 되었다. 나무 의사로서 본격적인 활동을 하게 된 것이다.

그러던 어느 날, 나는 술에 취해 밤길을 걷다 보도블록에 서 있는 플라타너스 나무들을 보게 되었다. 콘크리트 박스가 얼마나 비좁았으면 흙 속에 묻혀 있어야 할 뿌리가 땅 위로 허옇게 드러나 있었고, 견디는 것에 지친 나뭇가지들은 땅에 닿을 만큼 아래로 축 늘어져 있었다.

"이제 더 이상 살고 싶지 않아."

날이 갈수록 옥죄이는 아스팔트 감옥과 사람들이 만들어 낸 공해에 시달리다 못해 소중한 생명을 포기하려는 나무들. 가만히 나무에 기대어 있는데 그 아픔이 절절히 내게 전해져 왔다.

나는 고개를 떨구었다. 지금에 와 고백하지만 나는 그때까지만 해도 겉만 그럴듯해 보이는 가짜 나무 의사였다. 나무 한 그루를 심을 때도 그 나무가 잘 자랄 수 있을까 생각해 보기 전에 사람들이 보기에 좋아할 곳을 찾았고, 가지 하나를 쳐 낼 때도 어떻게 하면 사람들 눈에 예쁘게 보일 수 있을지를 먼저 고민했다. 아픈 나무 앞에서 나는 그 입장이 되어 치료는 못할 망정 사람 입장에 서서 내 멋대로 나무를 돌봐 온 것이다.

그날 플라타너스 나무를 보고서야 깨달았다. 나무가 엄연히 살아 있는 생명체이며, 인간과 더불어 살아가는 친구임을, 그래서 절대 함부로 치료해서는 안 된다는 사실을 말이다. 그러자 언젠가 한 드라마에서 나이 든 의사가 했던 말이 떠올랐다.

"의사는 신이 바빠서 대신 지상으로 출장 보낸 사람이다. 그래서 신만이 관장하는 사람 목숨을 다룰 수 있는 거다."

신을 대신해 사람 목숨을 다루는 게 의사의 소명이라면, 나의 소명은 신을 대신해 나무의 목숨을 다루는 것일 터이다. 자연의 품을 떠나 모든 악조건에 그대로 노출되어 있는, 그래서 더 이상 신의 축복 아래 머물 수 없는 나무에게, 신을 대신해 자연을 대신해 미약하나마 배려의 손길을 내밀어야 하는 것이다. 새를 대신해서 벌레를 잡아 주고, 바람을 대신해서 가지들을 잘라 주고, 비를 대신해서 물을 뿌려 주고……. 그 뒤로 나는 내 안의 의지와 생각들을 모두 버렸다. 그제야 나무 의사 본연의 자세를 갖추게 된 것이다.

나무로부터 인생을 배우다

날이 갈수록 아픈 나무들이 늘어만 간다. 아픈 나무를 볼 때마다 나는 "힘내라, 힘내라" 하며 줄기를 쓰다듬어 주지만, 안타깝게도 나무들은 그런 내 마음을 아는지 모르는지 자꾸만 뒤로 나자빠진다. 하늘이 준 제 생명을 다하지 못하고, 중도에 쓰러지는 나무들을 볼 때마다 나는 너무나 마음이 아프다. 나무 의사이기 전에 나에게 새 생명을 주고, 새로운 삶을 살게 한 게 바로 나무 아닌가. 누구는 육교 밑에서 인생을 배우고, 누구는 어린 아이들에게서 인생을 배운다고 한다. 그런 의미에서 보자면 나는 나무에게서 인생을 배웠다.

겨울이 되면 가진 걸 모두 버리고 앙상한 알몸으로 견디는 그 초연함에서, 아무리 힘이 들어도 매해 꽃을 피우고 열매를 맺는 그 한결같음에서, 평생 같은 자리에서 살아야 하는 애꿎은 숙명을 받아들이는 그 의연함에서, 그리고 이 땅의 모든 생명체와 더불어 살아가려는 그 마음 씀씀이에서 내가 정말 알아야 할 삶의 가치들을 배운 것이다. 준 것 없이 받기만 하는 것도 참 못 할 노릇이다. 하지만 나무 의사로서 나무를 돌보는 오늘도 나는 다시금 나무에게서 인생을 배운다.

나는 소망한다

사람보다 나무 곁에서 지낸 세월이 오래여서일까. 언젠가부터 나는 주위 사람들에게 나무 얘기만 하는 사람으로 통한다. 위낙 말주변이 없는 탓도 있지만 사실 나무 얘기 빼고는 별로 할 말이 없다. 그런데 진득하게 내 이야기를 듣고 있는 사람은 거의 없다. 그들에게 나무 이야기는 따분하기만 한 관심 밖의 이야기이기 때문이다. 어느 친구는 참다못해 나에게 참 한가로운 소리나 하고 있다며 핀잔을 준 적도 있었다.

그런데 나는 아내의 말처럼 참 끈질긴가 보다. 사람들에게 내 가장 친한 친구인 나무를 자랑하고 싶어서 결국은 이렇게 책까지 썼다. 왜냐면 그 친구에게는 분명 배울 점이 많기 때문이다. 그리고 그것이 우리가 잊고 사는, 그러나 결코 잃어버려서는 안 될 소중한 삶의 가치들임을 확신한다.

조금만 더 욕심을 부린다면, 이 책으로 인해 이제까지 외면했던 나무에게 작은 눈길이라도 주었으면, 나무와 친구가 되고픈 사람들이 늘었으면 좋겠다. 그래서 나무들이 더 이상 아파하지 않고 우리와 더불어 행복하게 살았으면 좋겠다.

그러면 조금이나마 덜 수 있지 않을까. 평생 갚아도 모자랄 나무에 대한 내 마음의 빚을 말이다.

우종영

제가 어린 시절만 해도 사람들 곁에는 나무가 있었습니다. 그 나무들은 각박했던 우리 삶에 작은 위안을 주었습니다. 한여름의 찌는 듯한 무더위에 커다란 정자나무 아래서 땀을 식히던 기억, 뜰 앞에 있는 대추나무를 매일 올려다보면서 언제 열매가 열릴까 기다리던 기억이 아직도 생생합니다.

생각해 보면 나무는 우리 삶의 작은 쉼터가 아니었나 싶습니다. 힘들고 괴로울 때 머리를 기대어 울기도 하고, 지친 몸을 누이고 숨 돌리던 그런 쉼터 말입니다.

그러나 산과 들이 깎여 나가고 그 위에 도시가 들어서면서 어느 순간 우리는 우리에게 녹색 빛 여유로움을 주던 나무들을 잊어 가며 살고 있습니다.

저는 이 책이 그런 우리들의 삶을 잠시 멈추게 해 줄 휴식처가 될 거라 생각합니다. 우리 주변에 있는 나무와 친구 하면서, 또한 나무가 살아가는 모습을 통해 삶의 지혜를 얻을 수도 있을 것입니다.

이 책을 접하는 많은 독자들이 무심히 지나치던 창 밖의 나무들을 새롭게 바라보는 마음의 문이 열리기를 바라 마지 않습니다. 마치 오래 전에 잃어버린 친구를 다시 만난 기쁨을 느낀 듯 말입니다. 이런 기쁨을 누리게 해 준 우종영 씨에게 고맙다는 말을 전하고 싶습니다.

김수환 추기경

10만 부 기념 스페셜 에디션을 펴내며

출판사로부터 《나는 나무처럼 살고 싶다》 판매 부수가 10만 부를 넘었다는 소식을 전해 들었을 때 깜짝 놀랐습니다. 초판이 2001년에 나왔으니 20년이 지난 셈인데 지금까지도 계속 책을 찾는 사람들이 있다는 게 신기하고 고마울 따름입니다.

그런데 한편으로는 마음이 무거웠습니다. 문득 돌아가신 김수환 추기경과의 약속이 떠올랐기 때문입니다. 나는 고인에게 추천사를 받으며 나무 의사로서 열심히 살겠노라고 약속했었습니다. 그런데 아무리 생각해도 약속을 잘 지켰다고 하기엔 부끄러운 날들이 더 많은 것 같아 마음이 무거워진 것입니다.

그럼에도 고민 끝에 10만 부 기념판을 새롭게 펴내게 된 것은 책을 읽은 독자들의 수많은 리뷰 덕분입니다. 평소 나무에 아무런 관심이 없었는데 이 책을 계기로 나무에 관심을 가지게 되었다는 리뷰, 예쁜 실내 인테리어를 위해 장식용으로 식물을 구입했는데 책을 보고 반성했다는 말, 나무에게도 참 배울 게 많다는 이야기 등등……. 책을 내면서 나무에 관심을 가지고, 자연의 소리에 귀를 기울이고, 지구에서 같이 살아가는 생명체로서 나무를 받아들여 줬으면 좋겠다는 바람이 있었는데 다행히 그 마음을 알아주는 독자들이 있어 기뻤습니다. 적어도 그들에게 나무는 더 이상 쓸모없고, 귀찮고, 없애 버려야 할 대상은 아닐 것이기 때문입니다.

언젠가부터 나무는 우리의 삶에서 멀어져 갔습니다. 요즘은 주말에 공원이나 교외로 나가야 겨우 나무를 볼 수 있지요. 어쩌면 당연한 일일 겁니다. 밥벌이를 하며 하루하루 살아 내는 것조차 쉽지 않으니까요. 한가로이 나무를 들여다볼 시간이 어디 있느냐고 따질 사람들도 있을 겁니다. 하지만 정말 사는 게 힘들다는 생각이 들면 속는 셈치고 나무를 찾아가 보기를 권합니다. 나무는 분명 당신의 지친 마음을 가만히 위로해 줄 겁니다.

나는 30년째 나무 의사로 살고 있지만 나무에게 베푼 것보

다 받은 게 더 많습니다. 그래서 이번 책만큼은 늘 나를 위로해
주는 나무에게 바칩니다.

2021년 2월

우종영

Contents

Chapter 1   어느 날 나무가 내 곁으로 왔다

Chapter 2 나무가 나에게 가르쳐 준 것들

Chapter 3 나는 나무처럼 살고 싶다

Chapter 1

어느 날
나무가
내 곁으로
왔다

어느 날 문득 무언가가 내 눈에 들어왔다.
그것은 나무였다.
나무가 말했다.
나는 항상 이 자리에 있었노라고.
다만 네가 나를 발견하지 못한 것뿐이라고.

삼천 년을 사는
나무에게 배운 것

주목나무

살아 천 년, 죽어 천 년, 썩어 천 년, 합해서 삼천 년을 이어간다
는 주목나무. 얼마나 줄기가 붉었으면 그 이름까지도 '붉을 주
朱'를 써서 '주목朱木'이라 했을까.

어느 해 겨울, 태백산에서 검붉은 주목나무를 만났을 때가
생각난다. 해발 1000미터의 깊은 계곡에서만 자라서인지 곧게
뻗은 가지에서 느껴지는 세월의 빛은 단순히 오래된 것이 아
닌, 모진 세월을 이겨 낸 기나긴 인고의 산물로 여겨졌다. 계절
이 더할수록 적갈색으로 깊어진다는 나무 빛깔과, 본연의 곧은
모양새가 조화를 이룬 모습은 그 어떤 화가나 조각가도 흉내

내지 못할 거였다. 신화의 현장을 마주한 감동이랄까. 천 년 전 이 자리에서 누군가 나처럼 주목나무를 바라보았을 거라는 생각에 더욱 더 가슴이 벅차올랐다.

아마도 나는 주목의 향취에 중독된 것이었을 게다. 그 뒤 나는 한동안 주목나무에 대한 생각을 떨칠 수가 없었다. 천 년을 살아간다는 주목나무가 기껏 반백 년 조금 넘은 인생을 산 내게 무언가 할 말이 있지 않을까 하는 생각에 마음은 자꾸만 태백산을 향하고 있었다.

한번 나무에 취하면 정신을 차리지 못하는 나. 주목나무를 떠올리며 문득문득 상념에 젖어 드는 내게 주변 사람들은 그만 좀 하라며 걱정하는 소리를 했다. 그러나 그런 걱정을 듣는 순간에도 나는 내 생각에 빠져 주목나무 얘기를 꺼내곤 했다. 얼마나 많은 사람들에게 주목나무 얘기를 전했는지.

그렇게 나에게서 주목나무 얘기를 들었던 사람 중에 한 후배가 있었다. 워낙 말이 없던 녀석은 그저 미소를 머금으며 가만히 내 얘기를 들어 주었고, 녀석의 참을성 덕에 나는 원 없이 나무 얘기를 풀어놓을 수 있었다.

녀석과 만난 지 얼마가 지났을까. 어느 날 아침 그의 아내에게서 전화가 왔다. 남편이 암으로 병원에 입원했다고. 갑자기

두통이 생겨 병원을 찾았는데 엉뚱하게도 위암 말기라는 것이었다. 암세포가 이미 다른 곳으로 전이된 지 오래인데 여태까지 몰랐냐고 의사가 오히려 되묻더란다.

결혼한 지 1년이 채 안 된 그들 부부는 어린 시절 소꿉동무로 만난 사이였다. 남자 쪽은 부모 없이 고아로 자랐고, 여자 쪽 역시 홀아버지를 모시고 어렵사리 생계를 유지하는 형편이라 연애다운 연애는 꿈도 꾸지 못했다. 공원 앞 자판기에서 몇백 원짜리 커피 한잔을 뽑아 나눠 마시는 게 데이트의 전부였던 그들. 그럼에도 불구하고 그 둘은 세상 어느 연인보다도 행복해했고 절망스러운 서로의 현실을 다독일 줄 알았다.

결혼 전 어느 늦은 밤, 술에 만취해서 나를 찾아온 녀석이 그랬다.

"형, 있잖아. 오늘 우리 애인을 만났는데 감기 몸살에 얼굴이 반쪽이 됐더라. 열이 펄펄 끓는데 병원도 안 가고 그냥 참고만 있었대. 그 돈으로 나 생일 선물 사 주려고."

단칸방을 얻어 신혼살림을 시작한 그들. 어려운 형편에 홀아버지까지 모시느라 허리가 휘는 날들이 계속됐지만, 두 사람은 누구나 부러워할 정도로 아끼고 사랑하며 서로를 보듬어 안았다. 몸이 약한 아내가 안쓰러워 석 달치 점심 값을 아껴 보약을 지어 오는 남편과, 야근을 밥 먹듯이 하는 남편이 불쌍하다며 매일 저녁 눈물짓는 아내.

그렇게 둘이 영원토록 행복하게 살 것 같았는데, 녀석이 이제 길어야 한두 달밖에 못 산단다. 병원비가 없어 항암 치료도 제대로 받지 못하는 터였다. 하루가 다르게 야위어 가는 녀석을 보며 얼마나 마음이 아팠던지.

그런데 그들 부부는 그런 게 눈에 들어오지 않는지 늘 웃는 얼굴이었다. 한 번쯤은 나를 붙잡고 울 법도 한데, 그러면 감싸 안고 다독여 줄 준비도 되어 있는데 녀석도 그의 아내도 너무나 씩씩했다.

한번은 너무나 엉뚱한 녀석의 행동에 오히려 내가 웃었더랬다. 병실 문을 열고 들어서는데 녀석이 제 아내를 침대에 눕혀 놓고는 자장자장 노래를 부르고 있는 게 아닌가. 지난밤 너무 아파 고생을 했는데 그런 자신 때문에 아내도 잠 한숨 못 잤단다. 싫다는 아내를 억지로 눕히고는 우격다짐으로 다독이는 중이었다. 나를 보더니 저도 쑥스러운지 머리를 긁적였다.

그런 모습을 지켜보며 나는 어느덧 걱정을 잊고 있었다. 또 병원에선 어떻게 말했는지 모르지만, 당사자들이 저렇게 밝고 씩씩하다면 언젠가 기적처럼 툭툭 털고 자리에서 일어날지도 모른다는 막연한 희망도 생기기 시작했다.

'사랑 앞에서 강한 것은 아무것도 없다.'

그러나 그것은 어디까지나 나의 바보 같은 착각일 뿐이었다. 녀석의 웃는 모습을 보고 돌아선 며칠 뒤 이른 새벽, 나는 비몽사몽간에 녀석의 부음을 전해 들었다. 녀석의 아내는 차분한 목소리로, 마지막까지 웃으며 떠났다고, 모두에게 인사 전하더라며 남편의 죽음을 알렸다.

　헐레벌떡 영안실로 달려갔더니 영전을 지키는 건 그녀뿐이었다. 병실에서 그랬던 것처럼 환한 웃음으로 나를 맞이하는 그 모습에 가슴이 미어졌다. 그제서야 드는 생각, 그 녀석이 정말 죽었구나…….

　뭐라고 위로의 말도 못하고 우두커니 서 있는 내게 그녀가 다가와 남편으로부터 주목나무 얘기를 전해 들었다고 말했다. 입원 수속을 마치고 병실 침대에 누운 남편을 본 순간 울음이 물밀 듯 밀려오는데, 남편이 그런 자신을 다독이며 주목나무 얘기를 꺼내더라는 거였다. 태백산의 주목나무가 살아 숨쉬는 동안 꼭 다시 만나게 될 거라고, 그러니 나 떠나 보내고 나서 울지 말라고…….

　낮 동안에 내가 보았던 그들의 웃음은 매일 한 차례씩은 찾아오는 고통을 그렇게 이겨 낸 흔적이었다. 그리고 그네들의 힘겨운 싸움 한가운데에는 몇백 년을 하루처럼 살아온 주목나무가 있었다.

죽기 바로 전날 밤, 마지막으로 녀석이 아내에게 남긴 말,

"우리 다음에 만날 때는 주목나무처럼 오래오래 같이 살자."

그 뒤 나는 주목나무를 떠올릴 때마다 못다 한 그들의 사랑 때문에 한동안 가슴이 아팠다. '영원'이라고 운명 지어진 사랑 앞에 왜 하필 그런 고통이 따라야만 하는 걸까.

하지만 이제는 정리된 마음으로 현실을 받아들일 수 있게 되었다. 늦가을 찬 서리를 맞은 다래가 더 깊은 맛을 내듯, 사랑도 그만큼의 시련이 있은 후에야 더 빛을 발한다는 사실을 조금은 알 것 같다.

이제 나는 주목나무를 보며 빌어 본다. 녀석의 말처럼 다음 연에서는 주목나무처럼 오랜 시간 함께하며 행복하기를, 그래서 이번 생에 못다 이룬 사랑을 꼭 완성하기를……

내 허기를 달래 준
고마운 나무

이팝나무

"헤이, 기브 미 썸 쪼꼴레뜨!Hey, give me some chocolate!"

그게 무슨 말인지도 모르면서 열심히 미군 지프차 뒤를 따라다니며 소리치던 시절이 있었다. 지금은 어디 전쟁 영화에서나 볼 수 있는 모습이지만 그것은 불과 육십 년 전 나 같은 꼬마들의 일상이었다.

수백 미터를 숨이 턱까지 차도록 가쁘게 쫓아간 뒤에야 얻을 수 있었던 껌과 초콜릿은 두고두고 아껴 먹어야 할 최고의 먹거리였고, 먹고 난 뒤에 남는 빤질빤질한 포장지는 그 어떤 것과도 바꿀 수 없는 최고의 놀잇감이었다. 특히 츄잉껌의 겉

포장지는 유달리 질기고 감촉이 좋았는데, 그걸로 딱지를 만들어 갖고 있으면 모든 아이들이 내 말 한마디에 껌뻑 죽곤 했다.

그리고 또 하나. 그렇게 먹을 것을 얻는 재미도 쏠쏠했지만 그보다 더한 아이들 소원은 미군 지프차를 한번 타 보는 거였다. 매일 보는 거라곤 소달구지와 수레뿐이던 아이들에게 부르릉 하며 빠르게 내달리는 지프차는 신기함 그 자체였기 때문이다.

그런데 어느 날인가 큰형이 지프차를 몰고 집엘 왔다. 미군 부대에서 군 복무를 하게 된 형이 부대에서 차를 몰고 나온 것이었다. 어디 가던 길이라며 잠깐 집 마당에 차를 세웠는데 그새 온 동네 녀석들이 몰려들었다. 차창에 매달려 얼굴을 들이박은 채 탄성을 지르는 녀석들의 눈초리라니……

그 뒤로 형은 종종 차를 몰고 나왔고 그때마다 아이들은 형이 모는 차를 미친 듯이 쫓아다녔다. 한 번만 태워 달라고 소리 지르며 말이다. 그 덕에 기고만장해진 나는 아이들 앞에서 어깨에 잔뜩 힘을 주었고, 그런 나를 아이들은 왕 모시듯 했다.

한 가지 아쉬웠던 점은, 형이 부대에서 나올 때마다 초콜릿을 비롯한 각종 먹을 것들을 잔뜩 가지고 왔는데 어머니가 거기에 손끝 하나 대지 못하게 하셨다는 것이다. 그래서 그걸 팔아 어려운 살림에 한 푼이라도 보태려는 어머니와, 어떻게든 하나라도 맛보려는 막내아들의 실랑이는 멈출 줄을 몰랐다. 먹을 게 없어 나무뿌리를 질겅질겅 씹는 게 예사였던 시절, 미군 부대에서 나온 간식거리들이 어린 나에겐 얼마나 참기 어려운 유혹이었던지. 행여 끼니라도 거른 날이면 장롱 위에 숨겨진 초콜릿 봉지가 유난히 눈에 들어오곤 했다.

사실 지금에야 추억이라 말하지만 어린 나이에 배고픔은 무척이나 참기 어려운 고통이었다. 하얀 쌀밥 한 그릇 먹으면 원이 없겠다던 그 시절, 애 어른 할 것 없이 매해 봄이 되면 기도하는 심정으로 한 해 농사를 점쳐 보곤 했다.

그때 사람들을 불러 모으던 나무가 바로 이팝나무다. 농가 근처라면 어디서든 볼 수 있었던 이 나무는 무리 지어 피는 꽃 모양새가 꼭 밥 공기에 수북이 담겨 있는 쌀밥을 닮아서 예전에는 '이밥나무'라고 불렀단다. 멀리서 보면 꼭 하얀 밥 덩어리들이 주렁주렁 매달려 있는 것 같다고 할까. 그래서 예로부터 이팝나무 꽃이 풍성하게 피면 그해 농사도 풍년이라고 했다.

'이팝나무에 꽃이 많이 피면 배가 고프지 않겠구나.'

어린 마음에도 들가에 있는 이팝나무의 풍성한 꽃을 보면 왠지 모르게 가슴이 뿌듯했다. 행여 배고플 때 보면 유달리 쌀밥처럼 보여 침을 꼴깍 삼키기도 했었다. 그런 내 마음을 아는지 어머니는 이팝나무 아래 설 때마다 "우리 아들 올해는 배불리 밥 먹을 수 있겠다"며 우스갯소리를 하곤 하셨다.

하지만 이팝나무에 꽃이 많이 핀다고 해서 정말로 그해 농사가 잘 되는 건 아니었다. 내 기억 속에 이팝나무는 풍년이건 흉년이건 늘상 희고 풍성한 쌀밥을 주렁주렁 매달고 있었다.

　그럼에도 불구하고 해가 바뀌고 봄이 찾아오면 어른 아이 할 것 없이 이팝나무 아래서 풍성한 꽃들을 올려다보는 게 일상이었다. 그 중에 "저러면 뭐해, 그래도 맨날 배만 고픈 걸" 하는 사람은 아무도 없었다. 그저 한바탕 웃으며 올해 농사 잘 되겠다고, 서로 위로해 주고 다독여 줄 뿐이었다.

　그게 다 옛말이 되어 버린 지금, 이팝나무에 얽힌 애달픈 사연보다는 꽃 자체의 아름다움이 더 사람들 입에 오르내린다. 작은 꽃 하나가 얼마나 섬세하고, 또 그 꽃이 무리 지어 다발을 이룬 모양새가 얼마나 풍성하고 예쁜지 보는 이마다 다들 난리다. 오죽했으면 나무 학교에서 강의를 듣던 한 여자분이 이팝나무 꽃을 결혼식 부케로 쓰고 싶다고 했을까.

　하지만 나는 지금도 이팝나무를 보면 꽃이 예쁘다는 느낌보다 어린 시절 애틋한 기억들이 한 움큼씩 솟아오른다. 그리고 배고팠지만 행복하고 따뜻했던 어린 시절에 대한 그리움이 가슴을 적신다. 누구에게나 돌아가고 싶은 그때 그 시절은 있는 법. 내게는 이팝나무와 함께했던 어린 시절이 바로 그렇다.

세상의 모든
아버지들에게
바칩니다

소나무

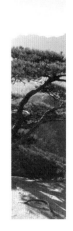

"숙영이 아직도 자냐?"

일요일 아침, 아직도 꿈나라를 헤매고 있는 딸을 흔들어 깨웠다. 엎드린 채 일어날 기미를 보이지 않는 숙영이.

"아빠가 잘 모르는 게 있는데 와서 한번 봐 줘."

그제서야 숙영이는 부스스한 얼굴로 자리에 일어나 앉았다. 그러나 여전히 눈은 반쯤 감겨 있다. 유난히 잠이 많은 아이를 휴일 날 아침부터 깨운 게 조금 미안해진다. 그러나 어쩌랴. 일은 급하고 해결사는 숙영이뿐인 것을.

딸아이의 단잠을 깨우게 만든 주인공은 다름 아닌 컴퓨터였다. 혼자 해 보려고 아무리 애를 써도 그 놈의 컴퓨터는 '멀고도 가까운 당신'. 배울 땐 금세 하겠는데 하루만 지나면 도로아미타불이니 답답할 노릇이다.

그래도 숙영이는 아빠의 부탁을 한 번도 거절한 적이 없다. 아무리 피곤해도 아빠 일이라면 두 말 않고 나서는 딸아이가 나는 그저 고맙기만 하다.

"아빠, 이번엔 제가 적어서 드릴게요."

나는 기억이 없는데 같은 걸 벌써 세 번째 묻는 거란다. 모르는 사람은 그럴 수 있다며 웃는 딸아이 앞에서 나도 모르게 한숨이 나왔다.

언젠가부터 이런 일이 부쩍 늘었다. 생전 가야 컴퓨터니 인터넷이니 하는 것들에 관심조차 없던 내가 '푸른공간'이란 홈페이지를 만들어 놓고 나니 괴로운 게 한두 가지가 아니다.

우선 하루에도 대여섯 건씩 들어오는 메일을 확인하는 것도 큰 일거리이다. 무시해 버리면 그만이겠지만 그 사연 하나하나가 다 나무에 대한 사랑이고 관심이란 걸 생각하면 차마 그냥 지나칠 수가 없다.

그런데 내가 소위 말하는 컴맹 중의 컴맹이니 갑갑할 수밖에. 그놈의 자판은 왜 그렇게 안 외워지는지 며칠 고생하다 결국 손을 들고 말았다. 아무리 애를 써도 혼자서는 도저히 어찌해 볼 재간이 없다는 결론만 얻었을 뿐이다.

어디 이런 일을 겪는 이가 비단 나뿐이겠는가. 배워 보겠다고 열심히 뒤쫓아 가다 보면 어느새 또 새로운 것이 나온다. 힘들다고 안 배울 수는 없고, 그러다 보니 스트레스가 이만저만이 아니다. 스트레스 정도로 끝나면 다행이겠지만, 시대에 뒤떨어져서는 살아남을 수 없는 게 현실. 그렇게 도태됐을 때를 생각하면 정말 아찔해진다.

집에서 자식들에게까지 놀림을 당하다 보면 정말 살맛이 안 난다. 한 친구는 내게 이런 말을 했다.

"무엇 때문에 여태까지 힘들게 살아왔는지 모르겠어. 딴에는 잘 살아 보겠다고 열심히 노력했는데 남은 게 아무것도 없는 것 같아."

태백에서 제천에 이르는 길의 소나무를 본 적이 있는지. 산등성이에 자리 잡고 있는 그 소나무들은 다들 꿋꿋이 서 있다. 다른 나무들은 태백의 강추위와 모진 비바람을 견디다 못해 소나무에게 자리를 내준 지 이미 오래. 소나무 한 그루 한 그루마다 얼마나 많은 시련을 견뎌 왔는지 그 흔적을 고스란히 간직하고 있다. 대부분의 나뭇가지가 거센 바람에 맞서느라 휘어

져 있으며, 어떤 나무는 뿌리가 허옇게 드러나 있기도 하다. 그러면서도 한결같이 소나무만의 푸르름만큼은 고이 간직하고 있다.

가파른 바위틈이나 산등성이에 독야청청 푸르게 자리 잡은 그 모습을 보고 있노라면 절로 고개가 숙여진다. 결코 그 삶이 순탄치 않았음에도 불구하고 아무 말 없이 제자리를 묵묵히 지키고 있는 모습에 눈시울이 뜨거워지는 것이다.

누군가는 "마음먹은 대로 안 되는 게 더 많다는 것을 깨닫기 시작할 때 비로소 인생을 아는 것"이라고 말했다. 그만큼 산다는 건 쉬운 일이 아니다. 그렇게 따져 보면 이 땅의 아버지들은 지난 사오십 년의 세월 동안 넘어지지 않고 살아왔다는 것만으로도, 그리고 지금도 꿋꿋하게 서 있다는 것만으로도 참으로 대단한 일을 한 게다.

나에겐 그 모습이 마치 태백의 소나무 같다. 저 혼자 살기도 벅찬 세상에서 가족을 등에 업고 세월의 굴곡들을 넘어 지금에 이른 그 모습이, 긴 세월의 시련을 견딘 후 바위에 굳건히 자리 잡은 소나무 같지 않은가.

예전에 신문에서 '고개 숙인 오십대'라는 제목의 기사를 본 적이 있다. 냉혹한 구조 조정으로 직장을 잃은 중년층이 거리를 떠돈다는 기사와 함께 한적한 공원 벤치에 힘없이 앉아 있는 한 중년 남성의 사진이 실려 있었다.

그 기사를 보며 마음속에 울컥 하고 화가 치밀어 올랐다. 누가 뭐라 해도 그들은 그 누구보다 치열하게 열심히 살았던 사람들이다. 굶주린 채 어린 시절을 보냈지만 그것을 탓하거나 원망하지도 않았다. 그들은 젊은 시절 땀 흘려 노력하여 가정을 이룬 후, 그 가정을 지키기 위해 흰 머리가 성성할 때까지 앞만 보고 뛰어왔다. 쉬지 않고 말이다.

그런데 누가 감히 고개 숙이게 만드는가.

열심히 살았는데 남은 게 아무것도 없다고 말한 그 친구가 문득 떠오른다. 그 친구를 다시 만나게 되면 꼭 태백산 소나무 얘길 해 줄 거다. 그러면서 말할 것이다. 왜 그렇게 못난 생각을 하느냐고, 고개를 당당히 들고 조금은 허풍을 떨어도 될 자격이 충분히 있다고.

마흔 살 된
누군가에게
주고 싶은 나무

오리나무

전국 어디든 5리마다 한 그루씩은 볼 수 있었다는 오리나무. 지금이야 어느 길을 나서건 도로 곳곳에 이정표가 있지만, 멀건 가깝건 두 다리가 주요한 교통수단이었던 옛날에는 길가의 오리나무를 세 가며 '내가 몇 리만큼 왔구나' 가늠하곤 했다. 오리나무를 볼 때마다 나는 어머니 등에 업혀 "어디까지 왔나" 하고 노래를 부르던 어린 시절 생각이 난다.

매일 보던 그 나무가 오리나무인 줄도 몰랐던 어린 시절, 친구들과 어울려 오리나무 밑에 흙을 파고 각자의 소중한 보물들을 묻었다. 나중에, 한 10년쯤 지난 다음에 꺼내 보자고 하면서 말이다.

지금으로 치면 타임캡슐 정도쯤 될까. 소중하다는 게 고작 새총, 껌 종이로 접은 딱지였지만 그래도 10년 후를 그리는 마음은 참 설레고 흥분되었다. 친구들 중엔 자기가 10년 뒤에 뭐 하고 있을 거라고 편지를 적어 묻는 놈도 있었다. 그러나 어린 시절 한때의 놀이가 10년을 가길 기대할 수는 없는 법. 약속했던 시간이 되었을 무렵에는 이미 모두들 뿔뿔이 흩어진 뒤였다.

그렇게 함께했던 친구들은 모두 온데간데없이 사라져 버렸다. 하지만 오리나무 밑에서 어설프게나마 내게 가장 소중한 것이 무엇일까 되짚어 보던 마음은 아직까지도 생생히 기억하고 있다.

그래서일까. 지금은 그 오리나무가 어디에 있었는지조차 기억나지 않지만 내 마음 속에는 여전히 정지된 시간으로 자리 잡고 있다. 그리고 오리나무를 볼 때마다, 삶의 길 한 모퉁이에서 쉬어 가라고 말하는 쉼표 같다는 생각이 든다. 5리마다 서서 지나온 거리를 되새겨 주는 오리나무의 이미지와 어린 시절 땅에 묻었던 타임캡슐에 대한 기억이 한데 어우러져 그런 생각이 드는 것 같다.

하루하루 살다 보면 내가 지금 어디까지 와 있는지조차 까 먹게 된다. 언제 내가 이만큼 자랐나 싶다가 훌쩍 스물을 넘기 고 어느새, 서른을 지나 마흔……. 그리고 그때부터는 시작보 다는 완성의 개념이 머릿속에 더 크게 자리 잡는다.

내 나이 마흔에는 그랬다. 한 일도 없는데 마흔 해가 훌쩍 지 나가 버렸고, 뒤돌아보면 하얀 백지밖에 안 보이는데 그런 와 중에서도 갈 길을 재촉해야 할 것 같은 초조함, 그리고 마흔이 란 나이가 왠지 내게 맞지 않는 옷 같다는 생각들…….

삶에 있어 뒤를 돌아볼 수 있는 작은 쉼표가 필요하다는 것 을 그때야 비로소 느꼈던 것 같다.

내 삶의 이정표가 되어 주는 쉼표들, 지금 어디까지 왔고, 앞 으로 갈 길을 잘 찾아가고 있는지 숨 한번 돌리며 생각해 보는 여유가 그립다. 그리고 못내 그러지 못했던 세월이 안타깝다.

그래서일까. 나는 나이가 마흔쯤 되어 보이는 사람들을 보 면 꼭 오리나무 얘기를 꺼내곤 한다. 내가 그렇게 느꼈노라고. 한 번쯤 멈추고 뒤를 돌아볼 필요가 있다고 말이다.

보도 블록 틈에 핀 씀바귀꽃 한 포기가 나를 멈추게 한다
어쩌다 서울 하늘을 선회하는 제비 한두 마리가 나를 멈추게
한다

육교 아래 봄볕에 탄 까만 얼굴로 도라지를 다듬는 할머니의 옆

모습이 나를 멈추게 한다

굽은 허리로 실업자 아들을 배웅하다 돌아서는 어머니의 뒷모습

은 나를 멈추게 한다

나는 언제나 나를 멈추게 한 힘으로 다시 걷는다

- 반칠환, 〈나를 멈추게 하는 것들〉

삶이
그대를
속일지라도

아까시나무

어릴 적 아카시아 나뭇가지를 잡아 들고 친구들과 가위바위보를 하며 누가 먼저 나뭇잎을 다 떼나 내기를 했던 기억이 눈에 선하다. 탐스럽게 달린 흰 꽃송이에서 꿀을 따 먹기도 하고 동무들과 어울려 나뭇등걸을 타기도 했던 아카시아나무.

그러나 우리가 흔히 '아카시아'라고 알고 있는 나무의 진짜 이름은 '아까시'이다. 진짜 아카시아나무는 열대 지방에서만 자라는 나무로 그 생김새가 아까시와는 전혀 다르다. 개인적으로는 아까시라는 이름보단 왠지 모를 달콤함이 느껴지는 아카시아라는 이름이 훨씬 더 좋지만.

이름이야 어찌 되었건 간에 아까시나무는 우리 추억 속에 자리 잡고 있는 몇 안 되는 나무 중 하나다. 그런데 사실 그 좋은 추억도 잠시일 뿐, 아까시나무를 잘 아는 사람들은 대부분 그 나무를 좋아하지 않는다.

그 끈질김에 정나미가 떨어진다나. 그도 그럴 것이 아무리 뽑아 내도 없어지기는커녕 못자리까지 뿌리를 뻗어 가는 집요함을 어느 누가 곱게 보겠는가. 게다가 아까시나무는 스스로 독성을 뿜어 주위 풀들을 자라지 못하게 만든다. 자라면서 워낙 많은 양분을 필요로 하는 탓에 경쟁 상대가 될 만한 나무는 씨부터 말려 죽이는 것이다.

워낙 성장이 빠른 탓에 1960년대에는 황폐화된 산을 빨리 녹화할 목적으로 아까시나무를 심기도 했는데, 그 잔재가 서울 곳곳에 남아 있다. 나중엔 아무리 베어 내도 계속 줄기를 올리자 연료림으로 사용했다고 한다.

그런데 나는 이렇게 고약한 아까시나무가 밉지 않다. 오히려 절대 포기할 줄 모르는 그 질긴 생명력을 칭찬해 주고 싶다.

막 결혼을 하고 농사일을 시작했을 때였다. 딴에는 잘 알려지지 않은 꽃과 나무들을 사람들에게 선보이겠다며 굳은 다짐을 하고 시작한 일이었는데, 3년 만에 망해 버렸다. 결혼 전에

중동에 가서 2년 동안 벌어 온 돈을 몽땅 쏟아부은 터라 수중에 남은 돈이라곤 한 푼도 없었다.

어떻게 살아야 하나. 아무리 애를 써도 지워지지 않는 상처와 절망을 안고 나는 매일 북한산에 올라갔다. 온몸이 땀에 흠뻑 젖도록 미친 듯 정상에 올라가 숨 한 번 돌리고 망연자실해 하늘만 바라보길 몇 달.

그러나 산에 올라간다고 해서 마땅한 해결책이 나올 리 만무했다. 갈수록 마음이 답답해지면서 삶에 대한 회의가 극에 달했을 무렵, 북한산 정상에 서 있는데 그냥 이대로 죽고 싶다는 생각이 들었다.

'이대로 산에 묻히면 지금 느끼는 고통도 사라지겠지. 더 살면 뭐하겠어. 구차하게 사느니 여기서 죽어 버리는 게 나을지도 몰라.'

그 뒤 아내와 힘을 합해 화원을 열어 고비를 넘기긴 했지만, 당시 느꼈던 죽음에의 강렬한 유혹은 지금 생각해도 아찔한 기억으로 남아 있다.

언젠가 텔레비전에서 토크쇼를 보는데 사회자가 게스트로 출연한 한 연예인에게 물었다.

"다음에 태어나면 남자였음 좋겠어요, 여자였음 좋겠어요?"

그런데 그 질문에 그녀는 화들짝 놀라 이렇게 말했다.

"저는 남자로든 여자로든 다시 태어나고 싶다는 생각이 안 드네요. 한 번 사는 것도 이렇게 힘이 드는데, 이런 걸 두 번이나 하라고요? 저는 사양할래요."

그 말에 웃음을 터뜨리던 대다수의 방청객들은 곧이어 "맞아 맞아" 하며 고개를 끄덕였다.

그렇다. 사실 한 번 사는 것도 이렇게 힘겨워하는 우리들이다. 왜 그렇게 아프고 구질구질한 일이 많은지……. 그래서 가끔은 스스로를 대견해한다. 이렇게 살기 힘든 세상인데 살아 숨 쉬는 것만으로도 용하다고.

아마도 이 때문일 게다, 내 눈에 아까시나무가 아름답게 비치는 것은.

'그럼에도 불구하고' 살아간다는 것. 아무리 좋은 환경에 풍족한 영양분을 주어도 잎을 떨구고 죽어 가는 나무들에 비하면, 어떻게든 살아가려는 모습이 기특하지 않은가. 베어 내고 베어 내도 있는 힘을 다 끌어모아 새순을 올리고 꽃을 피우는 아까시나무를 그래서 나는 감히 나무랄 수가 없다.

우리나라에서 자라는 아까시나무엔 유독 가시가 많은데, 그것은 하도 많은 사람들에게 구박을 받다 보니 나무가 자기방어책으로 만든 결과물이다. 아까시나무에 달린 가시들을 볼 때마다 "나는 그래도 꿋꿋이 살 겁니다" 하는 목소리가 들리는 듯하다.

북한산에서 죽음에의 충동을 느꼈던 순간이 없었더라면 나 역시 아까시나무를 천덕꾸러기 취급했을지도 모른다. 그러나 그 아찔했던 경험 덕에 지금 이 순간 살아 숨 쉬며 삶을 영위한 다는 것이 얼마나 값진 일인가를 이제는 알 것 같다.

그래서일까. 나는 아까시나무 앞에만 서면 마음이 숙연해진 다. 내게 아까시나무는 이렇게 속삭이는 것만 같다. 힘이 들어 도 절대 포기하지 말라고, 산다는 것 자체만으로도 생은 의미 가 있는 것이라고……

밤새워
연애편지를
썼었습니다

자작나무

물에 젖은 채로도 불에 넣으면 '자작자작' 하며 타들어 간다는 자작나무. 하얀 수피가 너무나 아름다워 옛날 우리 조상들이 무척 귀하게 여겼지만, 워낙 추운 곳에서만 자라는 탓에 우리나라에서는 그동안 좀처럼 볼 수 없었다.

하지만 영화 〈닥터지바고〉의 눈부신 설경을 기억하는 사람은 자작나무를 쉽게 떠올릴 수 있을 것이다. 눈이 시릴 만큼 하얗게 펼쳐진 설원 위에 하얀 수피를 입고 하늘로 곧게 뻗은 자작나무 숲을.

내가 자작나무를 처음 본 것은 1990년 6월 백두산에서였다.

아직도 겨울의 흔적을 간직하고 있던 백두산의 하얀 자작나무는 어느 시에서 표현한 것처럼 '나무의 여왕' 그 자체였다. 잎 하나 달지 않은 나목裸木의 모습이 그토록 아름다운 나무도 흔치 않으리라.

예로부터 내려오는 자작나무에 관한 전설 하나.

자작나무의 하얀 수피를 조심스럽게 벗겨 내 그 위에 때 묻지 않은 연정의 편지를 써서 보내면 사랑이 이루어진단다. 이루지 못할 사랑일수록 자작나무로 만든 편지가 힘을 발휘한다나.

자작나무의 수피를 보면 그 전설이 왜 생겨났는지 이해가 간다. 겉보기와는 달리 자작나무의 수피는 살을 에는 듯한 강추위를 어떻게 견뎌 낼까 싶을 정도로 무척 연하고 부드럽다. 추위를 잘 견디기 위해 수피 밑에 지방을 잔뜩 비축해 놓다 보니 그리 된 것인데 그 덕분인지, 아니면 정말 전설이 효험이 있어서인지 자작나무는 오래 전부터 사랑의 매개체 역할을 해 왔다.

백두산에서 자작나무를 보았을 때 내 머릿속에 가장 먼저 떠오른 것은 사랑하는 이에게 밤새워 편지를 쓰는 한 젊은이의 모습이었다.

사랑이 이루어지길 간절히 바라며 얼마나 많은 젊은이들이 자작나무의 수피 위에 말 못할 속마음을 적어 내려갔을까. 살을 에는 듯한 추위도 애틋하게 솟아나는 그 연정만큼은 막지 못했을 것이다.

한겨울 밤 흔들리는 촛불 아래서 펜촉을 호호 불어 가며 한 글자 한 글자 정성스럽게 눌러 쓴 편지. 동틀 무렵이 되어서야 완성된 편지는 혹시나 다른 사람들이 볼까 조심스럽게 서랍 안에 감춰졌을 것이다. 수줍음에 보낼까 말까 고민만 하다가 결국 서랍 안에서 세월과 함께 묵혀진 편지도 적지 않았으리라.

백두산에서 돌아와 자작나무에 대한 그리움을 늘 가슴에 품고 살았는데, 이제는 강원도 등지에서도 자작나무를 많이 볼 수 있다. 처음 강원도에 자작나무를 심었다는 소식을 들었을 때 북유럽이나 만주, 아니면 백두산에서나 볼 수 있던 자작나무를 이제 가까운 곳에서도 볼 수 있다는 사실이 얼마나 반갑던지. 아니, 자작나무 자체보다 내 마음을 흔들어 놓았던 그 전설을 다시 만날 수 있다는 사실에 더 가슴 설렜던 것 같다.

그런데 그렇게 부푼 마음을 안고 딸아이에게 자작나무의 전설을 얘기했더니 아이가 갑자기 실소를 터뜨렸다. 요새 아이들은 답답하게 연애편지 같은 거 쓰지 않는단다. 대신에 즉석에서 문자나 카카오톡으로 사랑을 확인한다나.

"나, 너 좋아해"라는 말을 쓰고, 보내고, 상대가 확인하는 것까지 1분이 채 안 걸리는 사랑 전달법. 메시지를 받고 괜찮다 싶으면 그 자리에서 바로 OK, 아니다 싶으면 그 즉시 NO라고 자기 표현을 한다고 한다.

내가 촌스러워서 그런가. 사랑을 쉽게 주고받는 신세대들이 한편으론 부럽지만, 그만큼 '사랑한다'는 말의 의미가 퇴색되는 게 아닌가 싶어 쓸쓸한 마음을 감출 수가 없다. 문자메시지보다는 자작나무 껍질 위에 편지를 쓰는 그 마음이 더 애틋한 것은 나만의 느낌일까.

쓰고, 지우고, 고민하고, 포기하고 접었다가 다시 꺼내 들어 밤을 새며 연애편지를 쓰던 그때가, 그 마음이 말이다.

박수 칠 때
떠날 것

동백나무

밤 12시가 넘은 시간, 갑자기 전화벨이 울린다.

"우 선생, 내가 나무 때문에 갑자기 궁금한 게 있어서 생각 난 김에 전화했어요."

나무에 관해서라면 밤이건 낮이건 그 즉시 답을 얻어야 직성이 풀리는 사람, 내 주위에 그런 사람은 딱 한 명뿐이다. 전생에 나무였는지 나무 의사인 나보다도 더 나무에 관심이 많은 박 요셉 수녀님.

산 탐방 길에서 알게 된 요셉 수녀님은 처음 만나는 순간부터 나무를 사랑하기 위해 태어난 사람처럼 보였다. 이제는 길을 가다가도 아픈 나무를 보면 그 즉시 내게 전화부터 건다. 여기 아픈 나무가 있으니 얼른 와서 치료해 달라고, 불쌍해서 못 보겠다고.

나무를 좋아하는 사람이 으레 그렇듯 요셉 수녀님은 산과 들로 길을 떠나는 것을 무척 좋아한다. 그러다 보니 산중의 사찰에도 발걸음이 잦아 종교를 뛰어넘어 친분이 있는 스님도 꽤 여럿이다.

몇 년 전에는 오랜만에 한 사찰에 다녀왔다며 연락이 왔다. 인사동에서 우연히 사나사 스님을 만났는데 그게 인연이 되어 직접 사나사를 찾아갔었단다. 그런데 거기서 병든 소나무를 보았다는 거였다.

수녀님의 간곡한 부탁으로 나는 수일 후 사나사를 찾았다. 아니나 다를까. 요셉 수녀님 말대로 오래된 반송 한 그루가 때 아니게 죽을 채비를 하고 있는 게 보였다. 죽음을 앞두고 후손이라도 많이 뿌리겠다는 듯 솔방울들을 잔뜩 맺은 채 병들어 있는 소나무. 그 나무는 당장이라도 조치를 취하지 않으면 안 될 정도로 많이 망가져 있었다.

그러나 사찰의 나무를 치료하는 데는 마음만 있어서 될 일이 아니다. 여러 단계의 허락을 구해야 하니 다루는 데도 조심스러울 수밖에 없다. 경우에 따라서는 나무 곁에 있는 조경용 바위를 치워 내야 하는데, 그걸 내 맘대로 하는 게 어디 쉽겠는가.

어찌 되었건 우여곡절 끝에 반송은 목숨을 건질 수 있었다. 뿌리를 누르고 있던 바위를 치우는데 여러 가지로 애를 먹었지만 말이다.

응급조치를 마친 뒤 나는 반송에게 이렇게 말했다.

"요셉 수녀님 덕에 목숨을 건졌구나."

사람에게 마음을 전하는 데 익숙하지 않은 나지만 한번은 요셉 수녀님에게 작은 선물을 마련해 드렸다. 종교인으로서, 그리고 나무를 사랑하는 한 사람으로서 그 분에게 꼭 어울릴 것 같아서였다.

내가 준비한 것은 다름 아닌 작은 액자였다. 액자 속 주인공은 동백꽃, 하얀 눈 위에 빨간 꽃잎이 피처럼 붉게 떨어져 있는 사진이었다. 그 동백꽃은 내가 거문도에 가서 직접 찍은 것이었다.

그 사진을 받아 본 요셉 수녀님은 너무 좋아 어쩔 줄 몰라 하셨다. 가톨릭에서는 동백꽃을 순교자에 비유한다며 연신 고맙다고 하셨다.

겨울에도 짙푸른 잎을 달고 있는 상록의 동백나무. 더구나 그 꽃은 한기가 채 가시기도 전에 붉게 피어나 한겨울의 매서

움을 무색케 한다. 남쪽의 섬에서는 1월이면 벌써 동백꽃이 한창이다. 한겨울 설경 위에 다섯 장 꽃잎으로 단아하게 단장한 동백꽃을 본 적이 있는지. 절개를 지킨 여인네가 죽어 동백꽃이 되었다는 전설이 있던데 딱 맞는 말이지 싶다.

그러나 내가 동백꽃이 가장 아름답다고 생각하는 때는 한창 꽃이 피었을 때가 아니라 오히려 그 꽃이 몸뚱이로부터 떨어져 나갈 때다. 눈발 휘날리던 거문도에서 나는 그 모습을 보았다.

때는 2월, 눈을 보기 힘든 거문도에 그날은 바다를 덮을 정도로 엄청난 눈이 내렸다. 마을 주민 한 분은 육십 평생에 거문도에서 이런 눈을 보긴 처음이라며 혀를 내둘렀다. 평생 가야 한 번 볼까 말까 한 남쪽의 설경. 그것도 기이한 일인데, 마치 영화에서처럼 휘몰아치는 눈보라에 몸이 휘청거릴 정도였다.

그런데 눈을 뜨지 못할 정도로 후려치는 그 바람결에 동백꽃이 꽃송이째 후두둑 떨어졌다. 아니 떨어졌다기보다는 쏟아져 내렸다는 말이 더 어울릴 것이다. 하늘에서 꽃이 내리는 느낌이랄까. 몰아치는 눈발과 어우러져 일제히 쏟아지는 동백꽃에 한동안 나는 정신을 차리지 못했다.

그렇게 일사불란한 낙화의 순간도 잠시, 흰 눈밭 위는 온통 떨어진 동백꽃으로 가득했다. 하얀 눈 위에 붉게 떨어진 핏빛 자국, 그렇게 붉은 빛에 취해 얼마나 셔터를 눌러댔는지⋯⋯.

한겨울 붉은 꽃으로 보는 이를 숙연하게 만드는 동백꽃. 그 꽃은 꽃잎 하나 시들지 않은 채 꽃송이 그대로 툭 떨어져 생을 마감한다. 한 치의 미련 없이 그렇게 생을 마감하는 모습을 보고 있노라면 왜 그를 순교자에 비유했는지 고개가 끄덕여진다.

거문도 눈밭 위에 떨어진 동백꽃을 보고 한순간 사라져 버린 아름다움이 얼마나 안타깝던지, 가져갔던 필름을 온통 동백꽃 사진으로만 채워 왔다. 조금 더 살 수도 있었을 텐데, 그냥 꽃잎 한 장씩 떨구며 사라져도 그 선연한 아름다움에 시비를 걸 사람은 없을 텐데…….

그러나 결국 나로 하여금 동백나무를 가슴 안에 담게 한 것도 그 장렬한 낙화 때문이 아닐까 싶다. 한창 아름다움이 절정에 다다랐을 때 그 모습 그대로 떨어지는 걸 보면 어떤 말도 감히 입 밖으로 꺼낼 수 없다.

떠나는 뒷모습이 아름다워야 진정 아름다운 사람이라고 했던가. 그러나 나설 줄은 알아도 물러설 줄은 모르는 게 우리네 사는 모습이다. 고백컨대 나 역시 생활 여기저기서 물러서지 못하는 마음을 자주 들키곤 한다.

그러나 그게 어디 생각만큼 쉬운 일이던가. 절정의 순간에 물러서야겠다는 이 생각도 나중에 어떻게 바뀔지 솔직히 자신이 없다. 그때는 다시금 동백꽃이 지는 모습을 보러 가야겠다.

박수 칠 때 떠나야 한다는 사실, 떠난 자리가 아름다워야 한다는 사실을 잊어선 안 되겠기에.

지울 수 없는
과거를 대하는 법

조팝나무

가지에 다닥다닥 붙은 흰 꽃이 꼭 튀겨 놓은 좁쌀 같은 조팝나무. 부잣집 울타리 밑보다는 밭두렁, 외진 경사면, 나대지를 자기 땅으로 알고 자라지만, 그 사는 모습과는 다르게 나무 본연의 모습은 참 화려하고 아름답다.

색 중에 흰색이 가장 화려하다고 했던가. 온갖 천연색의 꽃들이 만발하는 5월, 조팝나무가 유독 눈에 띄는 것은 오히려 그 꽃이 아무것도 섞이지 않은 순백 그 자체이기 때문이다. 한창 꽃이 만발할 때의 조팝나무를 보면 가지에 붙은 하얀 꽃잎이 마치 한겨울의 눈꽃을 보는 것 같다. 그래서 원예가들 사이에서는 '설류화'라는 별칭으로 더 많이 알려져 있다.

모든 생명이 기지개를 켜는 봄 한가운데서 눈꽃을 피우고 있는 조팝나무를 보고 있노라면 지나 버린 과거가 되살아나는 듯한 느낌을 받는다.

눈꽃의 시리고 처연한 느낌 때문일까. 조팝나무 아래서 내 눈을 스쳐가는 것은 달콤하고 아름답기보다 대부분 아프고 슬픈 모습들이다. 젊은 시절 방황했던 순간들과 그로 인해 상처를 주고받은 사람들, 그럴 수만 있다면 내 남은 인생 일부와 바꾸고서라도 물리고 싶은 기억들……. 그러나 그것이 비단 나에게만 해당되는 이야기랴. 어느 누구라도 웬만큼 인생을 살다 보면 그런 아픈 기억들은 생기기 마련인 것을.

그러나 안타깝게도, 사람들은 과거 속 기억을 쉽게 떨치지 못한다.

몸에 난 상처는 없어져도 마음에 난 상처는 아무리 작아도 없어지지 않는 법. 아무리 잊으려고 애를 쓰고, 스스로 버렸다고 자위해도 지울 수 없는 상흔이 되어 끝까지 살아남는 것이 과거가 아닐까 싶다.

마찬가지로, 내게 있어 과거를 떠올리게 하는 조팝나무 역시 참 얄궂은 생명력을 지녔다. 한번 뿌리를 내리면 어찌나 질기게 살아남는지, 옛날엔 밭두렁에 잘못 자리 잡은 조팝나무를 아무리 뽑아내도 다시 자리를 잡아 골칫거리였단다. 밭 주인이 조팝나무를 잡고 씨름하는 모양새를 보고 동네 사람들이 "밭 주인 닮아 저렇게 끈질기다"고 농을 걸기도 했다나.

아무리 뽑아도 없어지지 않는 끈질긴 조팝나무처럼, 지우려고 할수록 더 선명하게 떠올라 현재의 나를 옭아매는 과거의 기억들. 그래서인지 어느 순간부터 조팝나무를 볼 때면 예의 그 아름답고 화사한 모습을 즐기지 못하고 왠지 모를 씁쓸함에 시선을 돌리곤 했다.

언젠가, 어느 젊은 감독이 만들었다는 영화 한 편을 딸아이와 본 적이 있다. '포장'이라는 영화적 속성을 과감히 떨쳐 버리고 대사 하나하나에 현실감을 적나라하게 살려 인상 깊었던 영화 〈죽거나 혹은 나쁘거나〉.

이야기의 시작은 두 주인공의 고3 시절이다. 당구장에서 사소한 시비 끝에 다른 학교 학생들과 싸움이 벌어진다. 그런데 감정이 격해진 친구의 주먹질을 말리던 다른 한 친구가 그만 살인을 저지르고 만다.

원치 않았던 싸움, 그것도 말리는 과정에서 실수로 저지른 살인. 그러나 결국 그 친구는 그로 인해 10년이라는 긴 시간을 교도소에서 보내야 했다.

수감 생활을 마치고 사회로 돌아왔지만 전과 기록을 가진 그가 머물 수 있는 곳은 그 어디에도 없었다. 의도하지 않은 과거의 실수, 잊고 싶었지만 그는 결코 그것으로부터 자유로워질 수 없었다. 결국 자포자기한 심정으로 조직 폭력의 세계로 들어서게 된다.

한편 원래 싸움을 걸었던 친구는 형사가 되어 사회인으로서 인정받는 사람이 되어 있었다. 그 사실을 안 순간, 그가 얼마나 억울했겠는가. 자신은 싸움을 피하려 했는데, 싸움을 거는 친구를 말리려 했던 것뿐인데, 자신은 소중한 젊은 날을 감방에서 보낸 것으로도 모자라 조직 폭력배가 되고, 친구는 버젓이 형사가 되고.

분노한 그는 형사가 된 친구의 동생을 유인, 깡패들의 패싸움에 방패막이로 보낸다. 마지막에는 그 사실을 알고 찾아온 친구와 처절한 싸움을 벌인다. 결국 서로가 확인하는 것은 둘 다 과거 10년 전 우발적으로 벌어진 살인으로부터 벗어나지 못했다는 사실뿐이다.

과거의 괴로움을 토로하는 사람들은 흔히 이렇게 얘기한다. 아무리 발버둥쳐도 벗어날 수 없다고, 그러나 그 짐을 안고 살아가기에는 남은 삶이 너무나 고달프다고.

그러나 문제는 그렇게 괴로워하는 것으로 끝나는 게 아니라

는 것이다. 지나가 버린 시간에 얽매여 괴로워하는 사이, 기억 속 과거는 부메랑이 되어 어떤 형태로든 현실의 삶에 영향을 미친다. 왜 아니겠는가. 괴로운 과거를 떠올리는 자체만으로도 이미 내 현실은 과거라는 덫에 갇혀 버리는 것을.

과거의 삶이 그렇게 존재할 수밖에 없다면 이제는 아파하고 괴로워 할 것이 아니라 차라리 보듬어 안아야 하는 것이 아닌 가 하는 생각이 든다.

결국 천덕꾸러기 취급할 기억조차 우리들 각자가 만든 삶의 흔적이 아니던가. 후회하고 아쉬워하는 것으로 무언가 달라질 수 있다면 좋겠지만, 안타깝게도 지나간 시간을 되돌릴 수는 없다. 더 중요한 것은 마음 안에 미련이 남을수록 현실의 내가 망가져 간다는 것이다. 아니 앞으로의 남은 삶까지 망치는 독 이 되는지도 모른다.

어차피 지울 수 없는 과거라면 애써 떨쳐 내려 하지 말자. 과거를 있는 그대로 받아들일 수 있을 때, 오히려 평안함을 되 찾고 풀리지 않던 생의 매듭으로부터 자유로워질 수 있지 않 을까.

어머니 품이
그리울 때

느티나무

내 나이 정도가 되는 사람이라면 어릴 적 고향에서 속이 뻥 뚫린 커다란 나무를 본 기억이 있을 것이다. 이름도 모른 채 술래잡기를 하며 놀던 그 커다란 나무가 대부분 느티나무다.

봄이 되면 연록의 고운 새순을 올리고, 햇볕이 내리쬐는 한여름이 되면 가지마다 짙푸른 녹음을 더해 시원한 그늘을 만들고, 가을엔 고운 단풍으로 계절의 깊이를 더하다가, 눈 내리는 겨울 가지 위에 흰 눈을 얹어 보는 이의 마음을 따뜻하게 만들던 느티나무. 마을 한 귀퉁이에서 온갖 풍파에도 한결같은 모습으로 사계절을 맞는 느티나무를 보고 있노라면 어린 마음에도 가슴 한가득 여유로움이 느껴졌다.

그러나 무엇보다도 느티나무는 마땅히 놀 거리가 없는 어린 꼬마들에게 재미난 놀이 기구가 되어 주었다. 가끔씩 잘못이라도 저지르는 날이면 싸리비로 엉덩이를 때리는 어머니를 피해 느티나무 구멍으로 몰래 숨어 들던 기억이 아직도 생생하다. 그저 나무 안에 구멍이 뚫린 거였지만 그 안에 있으면 마치 나무 위 오두막집에 숨어 든 톰소여가 된 것 같기도 했다.

그때 들었던 생각, 이 커다란 구멍은 누가 뚫어 놨을까. 친구들끼리 모여 앉은 날이면 도깨비가 그랬다, 산신령이 한밤중 몰래 내려와서 그랬다, 나무에 붙은 귀신이 저 혼자 살려고 그랬다 하며 별의별 얘기를 지어내곤 했다.

나중에 자라서야 알게 된 사실이지만 워낙에 느티나무는 속이 잘 썩는 나무다. 가지가 부러지거나 하늘소 같은 벌레가 들어가 작은 구멍이 생기면 걷잡을 수 없이 썩기 시작해 결국엔 속이 텅 비어 버린다. 그래도 신기한 것은 전혀 끄떡도 않고 그 육중한 무게를 버텨 낸다는 점이다. 물론 어느 정도 선에서 썩는 게 멈출 때의 이야기지만.

어릴 때는 그렇게 크게 뚫린 느티나무 속이 그저 신기하고 재미있게만 보였는데, 나무 의사라는 이름을 얻게 된 뒤로는 그 구멍이 어린 시절의 느낌으로만 다가오진 않는다. 썩을 대

로 썩어 저리 될 때까지 얼마나 힘들었을까, 그 고통을 어떻게 말없이 감내했을까를 먼저 생각하게 된다.

그리고 속 뚫린 느티나무를 볼 때마다 인고의 세월, 그 기나긴 애달픔 속에서 나는 이 시대의 어머니들을 떠올리게 된다. 자식에게 모든 것을 내어 주고도 더 내어 줄 게 없나 찾는 우리들의 어머니 말이다.

언젠가 장영희 교수의 별세 소식을 들었을 때도 그랬다. 아는 사람은 알겠지만 그녀는 소아마비로 지체장애 1급이 된 장애인이었다. 다섯 살 때까지 제대로 앉지도 못해 누워만 있어야 했고 초등학교 3학년 때까지 어머니의 등에 업혀 학교에 갔다. 어머니는 두 다리와 오른팔이 마비된 그녀를 화장실에 데려가기 위해 두 시간에 한 번씩 학교를 찾아야 했다. 그녀는 어머니를 어느 글에서 다음과 같이 회고한 바 있다.

"기동력 없는 딸이 발붙일 한 뼘의 자리를 마련하기 위해 목숨 걸고 '운명에 반항'하여 싸운 나의 어머니, 장애는 곧 죄를 의미하는 사회에서 마음속으로 피를 철철 흘려도 당당하고 의연하게 딸을 지킨 나의 어머니… 업어서 교실에 데려다 놓고 밖에서 추위에 떨며 기다리시던 나의 어머니… 조금만 도와주면 나도 잘 해낼 수 있다고 제발 한몫 끼워 달라고 애원해도 자꾸 벼랑 끝으로 밀쳐 내는 이 세상에 악착같이 매달릴 수 있었던 것은 어머니, 어머니가 있었기 때문이었다."

장영희 교수가 생애 대부분을 목발에 의지하면서도, 삶을 집어삼킬 것 같은 무서운 암에 맞서 투병하면서도 끝까지 영문학자의 길을 뚜벅뚜벅 걸어갈 수 있었던 것은 느티나무처럼 마음속으로 피를 철철 흘리면서도 딸을 지킨 어머니의 사랑 때문이 아니었을까. 그래서인지 장영희 교수가 죽기 직전에 어머니에게 남긴 편지가 너무나 안타깝게 느껴졌다.

엄마 미안해. 먼저 떠나게 돼서.
엄마 딸로 태어나서 지지리 속도 썩혔는데
그래도 난 엄마 딸이라서 참 좋았어.
엄마, 엄마는 이 아름다운 세상 더 보고
오래오래 더 기다리면서 나중에 다시 만나.

"신은 모든 곳에 있을 수 없기에 어머니를 만들었다"라는 말이 있다. 그런데 우리는 나이를 먹어 자식을 길러 보고서야 어머니 마음을 조금이나마 헤아리게 된다. 어머니의 속이 느티나무처럼 썩어서 텅 빈 후에야 말이다. 나도 어머니의 가슴이 뻥 뚫리기 전에 방황을 멈추었으면 좋았을 것을 그러지 못했다. 그 사실이 지금도 내 마음을 아프게 한다.

사랑과
상처의
함수 관계

등나무

나는 5월이 아름다운 것은 등나무가 있기 때문이라고 생각한다. 따사로운 봄볕 아래 연한 자줏빛 잎을 달고 연보라색 꽃송이를 늘어뜨리고 있는 등나무. 등나무가 만드는 그늘 아래 있으면 왠지 마음마저 한가로워지는 것 같다.

그런데 내 눈에 등나무가 아름답게 비치는 것은 그 아름다운 꽃이나 잎이 만드는 그늘 때문만은 아니다.

덩굴식물인 등나무는 혼자 힘으로는 줄기를 뻗지 못해 두 줄기가 서로 의지하며 자란다. 워낙에 다른 나무를 타고 올라가기도 하지만 가만 보면 저희들끼리 서로 몸을 꼬아 앞서거니 뒤서거니 하며 그렇게 어울려 자란다.

학교 교정에 흔히 있는 등나무를 보면 쇠기둥 같은 것에 몸을 기대고 두 줄기가 동아줄처럼 서로 꼬아 가며 자라는 걸 알 수 있다. 그렇게 서로의 약한 부분을 이끌어 주며 자라서는 그 결실로 곱고 아름다운 꽃을 다소곳이 피운다. 하나의 공간에 두 존재가 평생 함께한다는 게 불편하기도 할 텐데, 그 꼬아진 모습을 보면 애초부터 한 몸인 양 그렇게 조화로울 수가 없다.

사이좋게 다투지 않고 한발한발 함께 자라는 그 모습을 보며 나는 인연의 소중함을 새삼 느낀다. 그리고 내 지나간 인연, 지금 함께하고 있는 인연, 앞으로 만들어 갈 인연에 대해 다시 한번 생각해 보게 된다.

그러나 실제 우리가 살고 있는 현실에서는 인연이라는 것이 그다지 소중하게 여겨지지 않는 것 같다. 아니 그것의 의미에 대해서 생각조차 않는다고 해야 옳을 것이다.

나는 뉴스나 신문을 보며 새삼 그 사실을 느낀다. 사람과 사람 사이의 인연을 소중하게 생각했더라면 결코 일어나지 않았을 일들이 너무나 많이 등장한다. 홧김에 애인이나 배우자를 죽였다는 소식은 이제 사건 축에도 끼지 못하는 일이 되어 버렸다. 한 설문 조사 기관에서 주부를 대상으로 "경제적 여건이 된다면 이혼하고 싶느냐?"는 질문을 했더니 85퍼센트가 그에 수긍했다고 한다. 물론 그것은 이 땅의 주부들이 그만큼 답답하고 억울한 현실에 처해 있기 때문이겠지만, 그래도 안타깝다는 생각이 든다. 사랑해서, 서로를 인연으로 삼았기에 결혼까지 했을 게 아닌가. 우리나라 이혼율이 아시아 국가 중 1위라는 통계도 믿기 힘들지만 사실이다.

후회와 상처 주기의 반복. 사랑하기 때문에 오히려 서로를 함부로 대하고, 쉽게 상처를 주는 게 지금의 우리들 모습이다. 사랑이 깊으면 깊을수록 왜 상처 주기의 강도도 높아지는 것일까. 어떤 사람은 그런다. 모르는 남 같으면 그렇게 하겠냐고, 사랑하는 사이이기 때문에 서로의 감정에 솔직하다 보니 그런 게 아니겠냐고.

하지만 상처를 주는 것과 감정에 솔직한 것은 엄연히 다르다. 감정에 솔직해지는 것은 서로 공유하고 나눌 수 있는 부분이지만, 상처를 주는 것은 한쪽에서 한쪽으로 향하는 일방통행이다. 그리고 결국 그 상처는 상대를 찌른 만큼 그대로 나에게 되돌아오며, 아픈 후회로 남게 된다.

그러나 우리는 그 사실을 종종 잊는다. 그래서 일상에서 나와 인연의 끈을 맺고 있는 이에게 함부로 상처를 주고 헐뜯는

다. 타성에 젖어, 남들도 다 그렇게 산다며 서로에게 상처를 준 날이 얼마나 될까.

　때로는 밉고 때로는 보기 싫을지라도 돌아서면 보고 싶어지는 누군가가 있다는 것, 그게 얼마나 커다란 삶의 축복인가. 삶은 어쩌면 끝없는 인연 맺기의 과정일지도 모른다. 한데 어우러진 채 끊임없이 서로를 타고 올라가는 등나무처럼 말이다.

　등나무를 볼 때마다 나는 가끔 내가 맺은 인연들, 그리고 앞으로 맺어 갈 인연들에 대해 다시 한번 생각하게 된다. 가깝다는 이유로 오히려 누군가에게 상처를 준 적은 없는지 돌이켜 보면서.

보기만 해도
웃음이 나는
나무

생강나무

산에 다니다 보면, 보는 것만으로 나를 웃게 만드는 놈이 있다. 다른 등산객들 눈에 나를 정신 나간 사람처럼 보이게 만드는 놈, 바로 생강나무다.

생강 향과 비슷한 냄새를 풍긴다는 생강나무. 하지만 생겨 먹은 모양새는 생강과 영 딴판이다. 아니 좀 더 구체적으로 말하자면, 보는 순간 "저게 나무야?" 하는 말이 튀어나올 정도로 웃기게 생겼다.

우선 나뭇잎 모양새부터가 그렇다. 전체적인 모양새는 오징어 몸통 같은데, 거기에 잎 끝이 리본 끝처럼 양 갈래로 갈라져

있다. 창조적이라고 해야 할지, 예술적이라고 해야 할지 모르겠지만 하여간 보통 나뭇잎 모양새와는 많이 다르다.

어디 그뿐일까. 새순이 나올 때마다 자라는 방향을 틀기 때문에 나중에 보면 하늘을 향해 뻗은 가지가 비뚤비뚤 제멋대로다. 어떻게 보면 꼭 춤을 추고 있는 것 같기도 하고, 술 취한 사람 걸음새 같기도 하다.

거기에 꽃 모양은 또 어떤지. 꽃대가 따로 없는 꽃은, 가지 여기저기에 그냥 다닥다닥 붙어 있다. 딴에는 저도 꽃이라고 초봄부터 빨리 꽃잎을 열려고 터질 것처럼 바람을 먹고 있는데 그 모습이 꼭 심술 가득한 어린애 볼 같다.

거기에 하나 더, 왜 자라는 곳도 엉뚱하게 절벽 바위틈인지. 그 좁은 곳을 어떻게 비집고 들어갔는지 신기할 정도다. 흙도 풍부하고 물도 잘 흐르는 비옥한 땅도 많은데, 그 넓디넓은 산중에 '이런 곳에도 나무가 자랄까' 싶은 곳에서만 눈에 띈다.

생긴 모양새도 그렇고 하는 짓도 그렇고 생강나무를 볼 때면 어찌나 웃음이 나는지. 한 번 보고 웃고, 뒤돌아서면 또 한 번 생각나 웃음이 난다.

그냥 있는 것만으로도 나를 웃음 짓게 하는 나무. 산에 오를 때 유독 절벽이나 바위틈의 생강나무를 찾게 되는 것은 그만큼 내가 웃음에 목마른 탓이 아닐까. 나이를 먹으면서 웃음 자체만 줄어든 게 아니라 무엇에 웃어야 하는지조차 잊고 사는 게 아닌가 싶어 씁쓸해진다. 그래서인지 이제는 생강나무를 보면 웃음이 나는 한편 정겹고 고맙다는 생각이 든다.

밉지만
미워할 수 없는
아이처럼

밤나무

화장대 위에 놓인 크리넥스 상자는 어떻게 끌어내렸는지 방안은 온통 화장지 천지. 시커먼 유성 펜으로 칠해 놓은 방바닥은 이미 복구될 가능성이 없어 보인다. 방 한가득 어지럽게 흩어져 있는 휴지들을 치우려고 하면 갑자기 아이가 소리를 지르며 덤벼 든다. 딴엔 자기가 만들어 놓은 세계가 침범당한다고 위협을 느껴서 무조건 덤비고 보는 것이다. 그뿐이랴. 재미삼아 아이 손에 들린 과자라도 빼앗으려 들면 아이는 얼굴이 벌겋게 달아올라 두 눈을 부릅뜨고 바로 전투 태세에 들어간다. 부모라면 모두 경험한 바 있는 막무가내 고집불통 미운 세

살의 모습이다.

그런데 미운 짓만 골라 하던 아이가 엄마 아빠가 지쳐 나가 떨어질 때쯤 되면 부모의 마음을 잘 알고 있다는 듯, 예의 그 천사 같은 웃음을 보이며 품에 파고든다. 그러면 신기하게도 언제 화가 났었나 싶게 마음이 봄눈 녹듯 싸악 가라앉는다. 아이를 키워 보지 않은 사람은 그 느낌을 결코 이해할 수 없을 것이다. 나도 그랬으니까.

가을이면 커다란 줄기에 풍성한 열매를 맺는 밤나무. 그런데 나는 그렇게 크게 자라는 밤나무를 대할 때마다 어울리지 않게도 세 살배기 꼬맹이가 떠오른다. 떼쓰고, 고집불통에다, 하는 일마다 미운 짓투성이인, 그럼에도 불구하고 씨익 한 번 웃어 주는 걸로 사람 마음을 행복하게 만드는 미운 세 살 어린아이가 말이다.

그도 그럴 것이 밤나무는 그 거대하고 시원스런 모습과는 달리 하는 짓이 참 못되 먹었다. 밤나무가 자라는 주변을 보면 대번에 그 사실을 알 수 있다.

옛말에 인종지덕 목종지패人從之德 木從之敗라는 말이 있다. 사람은 사람을 키우지만 큰 나무는 작은 나무를 키우지 않는다는 말이다. 하늘 높은 줄 모르고 몸통을 곧추세우고, 양 옆으로는 힘 닿는 데까지 무한정 가지를 뻗는 밤나무는 그 밑에 절대 다른 나무를 키우지 않는다. 하늘의 햇볕을 저 혼자 독식하기 때문이다. 시커먼 그늘만 남기는 밤나무의 빽빽한 잎들과 한 치도 양보가 없는 뿌리를 보면 그 어느 나무라도 곁에 가고 싶지 않을 것이다. 그래서 숲에 들어가 보면 밤나무 주변 나무들이 밤나무 반대쪽으로 도망치듯 가지를 내뻗은 걸 볼 수 있다.

그렇게 독불장군처럼 혼자 자라다 보니 그 가지 생김새 하나하나를 보아도 거침이 없다. 세상 무서울 게 없이 제멋대로인 아이처럼, 망설임 하나 없이 시원스럽게 가지를 뻗어 간다. 그러면서도 공간이 아쉬운 듯, 잎에 뾰족한 엽침葉針을 달아 누구도 근접 못하게 한다.

기는 또 얼마나 센지, 다른 참나무과 나무들은 잎 아래로 다소곳이 꽃을 피우지만 밤나무는 하늘을 향해 꽃송이를 곧추세운다. 꽃마저 힘 있게 위로 선 밤나무의 위풍당당한 모습을 보고 있노라면 은근히 얄밉다는 생각이 든다. 내가 봐도 이럴진대 하물며 다른 나무들은 그 원망이 오죽할까.

세상이 모두 제 것인 양 자라는 밤나무. 그 모습을 보고 있노라면 어느 나무라도 정나미가 떨어진다며 투덜거릴 것만 같다. 저 혼자만 알고, 남에 대한 배려라고는 손톱만큼도 없는 그 완고함은 아무리 잘 봐줘도 좋은 말이 나올 수 없는 게 사실이니까.

그러나 밤나무의 한 해를 끝까지 지켜보고 있노라면 나는 결국 미소 짓지 않을 수 없다. 어미 성격을 닮은 듯 아무도 건드리지 말라고 안팎으로 두 번이나 싸매고는 그것도 모자라 뾰족한 바늘 안에 숨어 버린 밤나무 열매.

밤나무 하면 으레 손이 많이 가는 밤톨을 떠올리게 되는데 매해 겨울만 되면 너 나 할 것 없이 그 맛난 것을 찾기 마련이다. 군밤 한 봉지를 사서 주머니 안에 넣고 있으면 찬 바람 쌩쌩 도는 겨울 거리도 참 따뜻해진다. 큰 솥 한가득 삶은 밤을 온 가족이 둘러앉아 까먹는 재미 또한 겨울을 훈훈하게 덥혀 주는 소일거리가 아닐는지.

비단 열매만이 아니다. 언젠가 여행길에 밤나무 꽃에서 나오는 꿀을 맛본 적이 있다. 그 맛이 얼마나 진하던지 이제는 일부러라도 찾아 맛보고 싶은 심정이다.

꿀까지는 아니더라도 나는 한겨울 달콤하게 입 안을 채워 주는 밤을 먹을 때마다 밤나무의 그 억척스러움이 오히려 애교스럽게 느껴진다. 한 해 동안 그렇게 저 혼자만 알고 고집불통으로 살다가 맛있는 열매를 내놓고는 "그래도 나 밉지 않지?" 하고 애교를 부리는 것 같다. 세 살배기 악동이 온종일 미운 짓만 하다가 문득 씨익 하고 눈웃음치는 것처럼 귀엽고 애교스럽게 보이는 건 나만의 느낌일까.

지금 이 순간에도 산에서 온갖 무법자 노릇을 하며 제멋대로 살고 있을 밤나무지만, 깊은 가을에 또 멋쩍은 모습으로 맛난 열매를 내놓을 모습을 생각하며 그냥 귀엽게 봐주련다. 세상 모든 나무가 다 같은 모습일 수는 없지 않은가.

그는 갔지만
그의 마음은
남았습니다

목련

"와, 예쁘다!"

사람들의 경탄을 자아내는 꽃나무를 떠올렸을 때 목련이 빠질 수 있을까. 3, 4월경 따뜻한 봄날에 목련나무가 눈부시게 새하얗고 커다란 꽃들을 한가득 피워 내면 누구나 한 번쯤 넋을 잃고 쳐다보게 된다. '목련木蓮'이란 말뜻이 왜 '연꽃처럼 생긴 아름다운 꽃이 나무에 달린다'인지 금방 수긍할 수밖에 없는 것이다.

사람들이 목련나무 앞에서 휴대폰을 꺼내 이리저리 포즈를 취할 때면 나는 문득 떠오르는 사람이 한 명 있다. 살아생전 목련을 가장 아꼈다는 칼 밀러 님(나중에는 귀화하여 '민병갈'이라는 이름을 얻었다). 그는 1945년 연합군 정보장교로 처음 우리나라에 발을 디뎠다. 그런데 그는 주어진 임무가 끝난 후에도 본국으로 돌아가지 않고 우리나라에 남았다. 그리고 1962년에는 우연히 천리포에 갔다가 땅을 사 달라는 어느 촌로의 간곡한 부탁으로 황무지나 다름없는 해변의 절벽 땅을 구입했다. 그것이 바로 천리포수목원의 시작이었다.

천리포수목원은 20만 평도 안 되지만 1만5천여 종이 넘는 다양한 나무가 자라고 있다. 세계 그 어느 곳을 가더라도 이곳만큼 다양한 수목을 접하기는 어려울 것이다. 그래서 지난 2000년에는 국제수목학회로부터 아시아에서는 처음으로 '세계의 아름다운 수목원' 인증을 받기도 했다.

하지만 처음에 저 멀리 태평양을 건너온 외국인이 쉰이 다 된 나이에 난데없이 수목원을 만들겠다며 나무를 사다 심는다고 나섰을 때는 사람들이 모두 의아해했다. 그저 나무들이 늘어나는 게 기쁘다며 자신의 돈을 다 쏟아붓는 그를 누가 이해할 수 있었겠는가. 하지만 그는 사람들의 시선에 아랑곳하지 않고 수목원을 일구는 데 오롯이 남은 인생을 바쳤다.

스스로를 '나무 지킴이'라고 칭하던 그는 절대로 나무에 약을 치는 법이 없었다. 수액을 빨아 먹는 딱정벌레나 하늘소 같

은 곤충이 기승을 부려 나무줄기가 썩을 지경이 되어도 꿈쩍하지 않았다. 곁에서 나무가 죽어가는 모습을 두고 볼 수 없었던 한 직원은 따지듯 그에게 물었다.

"원장님, 이게 뭡니까. 약을 뿌리면 나무가 살아날 수 있는데 왜 그렇게 고집을 피우시는 겁니까?"

그러자 그는 말했다.

"여기 수목원에 나무만 사는 게 아니잖아요? 약을 치면 나무는 살릴지 몰라도 나무가 뿌리 내리고 있는 흙이 죽을 테고, 그 다음엔 나무와 더불어 살던 작은 곤충도 사라질 겁니다. 그러면 자연히 둥지를 틀고 있던 새들도 떠나가겠죠. 나무가 아름다운 건 그 곁에 작은 풀이 있고, 밤새워 우는 작은 벌레가 있고, 날개 접고 쉬는 작은 새가 있어서입니다."

그래서 천리포수목원은 나무들의 천국일 뿐만 아니라 야생 동물들의 낙원이기도 하다. 본원에 자리하고 있는 자그마한 연못은 흰뺨검둥오리나 청호반새 등 철새들의 보금자리이다. 물론 해충도 그곳에서는 당당히 다른 존재들과 더불어 살아간다. 해충이라는 것 또한 인간의 시각에서 구분한 것일 뿐이니 말이다.

스스로 시련을 이겨 내고, 그 힘으로 다른 존재들과 더불어 살아가는 법을 배울 때 비로소 참다운 생을 얻을 수 있다고 했던가. 그렇게 더불어 살도록 만들어진 자연은 아무리 오랜 시간이 흘러도 본연의 모습을 잃지 않는다. 웬만한 위기에도 전혀 흐트러짐이 없다. 그 안에서 갖은 시련을 함께 이겨 낸 나무는 본래의 수형을 지키며 천수를 누린다.

아마도 그가 좋아하는 목련나무를 아끼는 방식도 마찬가지 아니었을까. 자신이 돌볼 수 없는 순간이 오더라도 목련나무가 씩씩하게 살아가기를 바라는 마음. 스스로 시련을 이겨 내고 예쁜 꽃을 피워 내길 바라는 마음. 문득 그가 하늘나라로 떠나기 얼마 전 인터뷰에서 했던 말이 떠오른다.

"사람은 길어야 백 년이지만 나무는 천 년을 삽니다. 내가 하는 수목원은 이제 겨우 30년이 됐지만, 적어도 300년은 내다보고 시작한 것입니다. 내가 죽더라도, 이곳 천리포 수목들은 몇백 년은 더 살 것입니다."

그의 말처럼 목련나무는 그가 떠난 지 20여 년이 지난 지금도 여전히 천리포수목원을 지키며, 매년 4월이면 어김없이 희고 고운 꽃을 활짝 피워 올린다. 그는 떠났지만 그의 마음은 남아 있는 것이다.

아무도
알아주지 않는
길이라 해도

회양목

책을 좋아하는 사람이라면 누구나 한 번쯤 그 이름을 들어 보았을 헌책 마을 '헤이 온 와이Hay-on-Wye'. 이제는 전 세계적으로 유명해진 그 마을이 있기까지는 리처드 부스라는 사람의 끈질긴 노력이 숨어 있다.

유달리 책을 사랑했던 그는 1961년 영국 제일의 대학인 옥스퍼드 대를 졸업한 뒤 다른 길을 모두 접은 채 고향 헤이 온 와이에 돌아와 헌책방을 차렸다. 작은 시골 마을에서 헌책방이 되겠냐는 주위 만류에도 불구하고 그는 뜻을 굽히지 않았다. 그리고 영국뿐 아니라 전 세계를 돌아다니면서 고서를 수집,

책방을 채워 나갔다. 그렇게 한 권 두 권 모은 책이 자신의 헌책방을 꽉 채우게 되자 부스는 교회와 소방서 등 마을의 쓰지 않는 건물들을 사들여 거기에다 책을 수집해 놓았다.

그러는 동안 알게 된 책방 주인들과 도서 수집가들이 하나 둘 마을에 찾아와 점포를 열었고, 그로 인해 헤이 온 와이에는 점점 더 많은 헌책방들이 들어서게 되었다. 시간이 흐르면서 사람들 사이에선 "헤이 온 와이에 가면 모든 책을 구할 수 있다"는 소문이 퍼지기 시작했다.

1988년, 헤이 온 와이에서는 책 잔치 '헤이 축제'를 열었다. 매해 5월 마지막 주에 열리는 이 축제는 전 세계적으로 유명해져 이제는 유명한 작가나 도서 수집가, 학자들의 연중 행사가 되어 버렸다. 그리고 헤이 온 와이의 명성이 전 세계에 퍼지면서 벨기에를 비롯해 프랑스, 일본, 독일 등 세계 곳곳에 이와 비슷한 책 마을이 생겨나기 시작했다.

책에 유독 관심이 많은 나는 헤이 온 와이의 얘기를 들을 때마다 리처드 부스라는 사람이 처음 책방을 열었을 때를 상상해 본다. 누가 알아주기는커녕 비웃음마저 들어야 했던 수많은 날들을 보내며 어떻게 한결같은 노력을 기울일 수 있었을까. 헤이 축제가 열리기 시작한 게 1988년이라니 그는 그의 생애

를 고서 수집에만 바쳤다 해도 과언이 아니다.

기나긴 시간을 오로지 책 하나만 생각하며 살아간 부스, 그리고 그가 만들어 낸 결실, 헤이 온 와이에 대한 이야기를 들으며 나는 회양목을 생각했다.

영월 동강에 가면 석회암 지대를 좋아하는 회양목의 자생지가 있어 그 본연의 모습을 볼 수 있다. 그러나 지금은 나무가 워낙 다듬기 좋은 탓에 어느 정원에서나 많이들 키우고 있다.

너무 흔해져 버린 탓일까. 회양목을 보면 "아, 저 나무구나" 하고 알아보는 이는 많아도 정작 회양목의 특성에 대해서 제대로 알고 있는 사람은 많지 않다.

그도 그럴 것이 이 나무는 워낙 볼품이 없다. 아무리 크게 자란다고 해도 나무의 직경이 한 뼘을 채 넘지 못하고 키도 짤막하다. 다른 나무 사이에 있으면 그저 소박한, 이름 없는 나무 정도로 인식되는 게 사실이다.

그러나 자라는 모습을 알고 나면 관심 없던 사람이라도 한 번쯤 돌아보게 되는 게 바로 회양목이다.

나무의 직경이 한 뼘 정도 되려면 어느 정도의 시간이 필요할까. 한 10년? 길어야 20년? 그러나 회양목이 그 정도의 직경을 가지려면 최소 500년 이상의 시간이 걸린다. 주변에 웬만큼 나무 모양새를 갖춘 회양목이 있다면 최소한 증조부 때부터 뿌리를 내리고 있었다고 생각하면 맞다.

느림보라는 별명이 꼭 어울리는 회양목. 그러나 그렇게 더디게 성장하는 동안 회양목은 그 속을 다지고 또 다져 그 어떤 나무와도 비교할 수 없는 단단함을 지닌다. 더디 자라는 만큼 조직이 치밀하고 균일해져 그 어떤 충격에도 뒤틀리지 않는 견고함을 지니게 되는 것이다.

그리고 이 단단함은 귀한 가치를 지녀 도장을 만드는 훌륭한 재료로 쓰인다. 우리가 흔히 갖고 있는 나무 도장들이 대부분 이 회양목으로 만들어졌다고 생각하면 된다. 그래서 예로부터 선조들은 회양목을 가리켜 '도장나무'라 불렀다.

하늘 높이 자라서 멋진 그늘을 만드는 나무를 좋아하는 사람들. 하지만 빨리 자라서 크게 가지를 뻗는 속성수일수록 그 속은 단단하지 못하다. 성장하고 꽃 피우는 데 모든 것을 소모한 나머지 내실을 다질 여력이 없는 것이다. 그런 나무들은 살아 있는 동안에는 사람들의 눈길을 끌지 몰라도 생명이 다하고 나면 흔적도 없이 사라지고 만다.

아무도 알아주지 않지만 긴 시간 더디 자라며 결국엔 그 값어치를 발휘해 단단한 도장으로 쓰이는 회양목, 그리고 헤이온 와이를 전 세계적인 책 마을로 만든 부스.

나는 기나긴 시간 동안 누구도 알아주지 않는 길을 걸었던 그들에게 박수를 보낸다. 당장은 인정 받지 못하더라도 자기가 가고자 하는 길을 묵묵히 가는 그 모습이 얼마나 위대하고 멋진가. 그리고 생각해 본다. 내 안에는 과연 기나긴 시간 더디면 더딘 대로 그렇게 노력해 온 무언가가 있는지를.

나무에게 부치는 편지

나무야, 아프지 마라

기억하는지 모르겠구나. 술에 잔뜩 취해 창경궁 앞 가로수 길을 걸었던 그날 밤 말이야. 나는 아직도 그때 본 플라타너스들을 잊지 못한다. 콘크리트 박스가 얼마나 비좁았던지 흙 속에 묻혀 있어야 할 뿌리가 땅 위로 허옇게 드러나 있었고, 견디는 것에 지친 나뭇가지들은 땅에 닿을 만큼 아래로 축 늘어져 있었지. 그 나무들은 내게 이렇게 얘기하는 것 같았다.

"이제 더 이상 살고 싶지 않아."

날이 갈수록 옥죄이는 아스팔트 감옥과 우리 사람들이 만들어 낸 공해에 시달리다 못해 목숨을 포기하려는 플라타너스. 안타까운 마음에 나는 마흔이 넘은 나이에 커다란 플라타너스를 부둥켜 안고 어린 아이처럼 엉엉 울었지.

지금에 와 고백하지만 나는 그때까지만 해도 참으로 이기적인 인간이었던 것 같다. 가지 하나를 쳐 낼 때도 어떻게 하면 예쁘게 보일 수 있을지를 고민했고, 병충해로 고통받는 걸 보면 근본적인 원인을 찾기보다 무조건 약부터 바르곤 했었지. 자리 하나를 고를 때도 네가 편안한 곳보다는 주위 환경과 어울릴지를 먼저 생각했다. 내게 있어 너는 예쁜 장식물이었고, 나는 그 장식물을 잘 포장하기 위해 애쓰는 사람이었던 거다.

네가 아프면 살리는 게 나의 임무였지만 그것은 어디까지나 사람의 입장에서만 비롯된 것일 뿐 네가 더 살고 싶어 하는지, 네가 어떤 곳에 놓이기를 원하는지는 내 관심사가 아니었단다. 너를 치료하기 전에 그 고통을 이해하고 함께 나누는 게 먼저라는 걸 미처 깨닫지 못했었지.

창경궁 앞에서 나를 울게 했던 그 플라타너스들은 아마도 그런 나를 기다렸던 게 아닌가 싶다. 시간이 아무리 지나도 깨닫지 못하는 나를 보고, 직접 몸으로 말해 줘야겠다고 생각했는지도 모르지.

나는 그때야 비로소 너를 살아 있는 생명체로, 더불어 살아갈 친구로 받아들이면서 나의 소명을 뒤늦게 깨달았다.

언젠가 텔레비전에서 의학 드라마를 본 적이 있단다. 주인공 의사가 의대에 다닐 때의 일이었는데, 그는 해부학 실습을 나가는 걸 무척이나 끔찍해했지. 첫 번째 수업이 가까워지자 저도 모르게 구역질을 할 정도였으니까. 그는 내심 자신이 의대를 무사히 마칠 수 있을지조차 의심스러워했지. 그런데 그는 동기들 중 가장 좋은 성적으로 해부학 수업을 마칠 수 있었단다. 어떻게 된 일이냐고? 그건 바로 첫 수업 시간에 담당 교수가 했던 말 때문이었어. 그 교수가 그랬단다.

"의사는 신이 바빠서 대신 지상으로 출장 보낸 사람이다. 그래서 신만이 관장하는 사람 목숨을 다룰 수 있는 거다."

그리고 마지막에 이런 말을 했지.

"환자가 우리 손에 생명줄을 맡겼는데 신은 아니어도 가깝게 가봐야 되는 거 아냐?"

아마도 그건 의사로서의 소명이었을 게다.

신을 대신해 사람 목숨을 다루는 것, 그게 의사의 소명이라면 나의 소명은 무얼까.

감히 말하지만, 그건 신을 대신해 너의 목숨을 다루는 일이 아닐까 싶다. 자연의 품을 떠나 모든 악조건에 그대로 노출되어 있는 너, 그래서 더 이상 신의 축복 아래 머물 수 없는 너에게, 신을 대신해 자연을 대신해 미약하나마 배려의 손길을 보내는 게 나의 천직

일 것이다.

몇 년 전의 반지 사건은 내 생각에 확신을 더해 주었지.

광덕산 농장에서 시산제始山祭 준비를 하고 있을 때였어. 너도 알 거야. 매해 초가 되면 너와 함께 산에서 무사히 보내게 해 주십사 기원하던 일 말이야.

나는 서울에서 사람들이 온다는 연락을 받고 마중을 나갔지. 굽이굽이 산길을 돌아서 운전하는데 마음은 온통 시산제로 가득 차 있었단다. 그런 마음 때문이었을까. 그만 나는 급커브 길에서 운전대를 놓쳐 버렸다. 마침 눈이 와 산길이 무척이나 미끄러웠는데 내 차는 중심을 잃고 밭두렁으로 굴러떨어졌지. 그리고 몇 분이 흘렀을까. 고꾸라진 채로 정신을 차려 몸 이곳저곳을 만져 보니 다행히 다친 곳은 없었단다. 그런데 이상하게 손가락에 끼워져 있어야 할 반지가 없는 거야. 고개를 들어 보니 내가 붙잡았던 차창이 돌 바닥에 부딪쳐 산산조각이 나 있는 게 눈에 들어왔고, 그 파편들 틈에 박혀 있는 은반지를 볼 수 있었다.

차창이 돌 바닥을 덮치는 순간 은반지 위로 유리조각 파편이 떨어졌던 게지. 그 순간 내가 손을 뺀 거고.

그 은반지가 아니었더라면 내 약지 손가락은 지금쯤 손에 붙어 있지 않았을 거다. 그러면 내 두 손을 이용해 산과 들의 나무를 돌보는 일이 전과 같지는 않았겠지. 너도 알다시피 나무 한 그루를 돌보는 일은 붓글씨를 쓰듯 섬세한 수작업이 필요한 일이니까.

정말 신기하게도 살갗이 약간 벗겨진 것 빼고는 내 손가락은 멀쩡했다. 피 한 방울 나지 않은 채 말야.

그때 차 안에 갇힌 채 내가 무슨 생각을 했는 줄 아니?

'내 이 두 손으로 평생 나무를 돌보라는 말이구나.'

지금도 내 두꺼운 은반지엔 그때의 흔적이 선명하게 남아 있단다. 당시의 깨달음을 잊지 말라는 듯 말이다.

그 이후 나는 내 안의 의지와 생각들을 모두 버렸단다. 내 생각대로 내 의지대로 움직이는 게 아니라 신을 대신하고 자연을 대신할 따름이라고 누누이 다짐했지. 새 대신, 바람 대신, 비 대신, 내 두 손을 빌려 줄 따름이라고 말이야.

그러고 나니 그동안 내가 쭉 해 왔던 일들이 완전히 새롭게 느껴지더구나.

너를 못살게 구는 벌레 하나를 잡더라도, 이제는 그게 단순히 병충해를 예방하는 게 아니라 새를 대신하는 일이라는 명제가 붙었단다. 벌레가 생긴다는 건 그 벌레를 잡아 줄 새가 주변에 없다는 얘기니까 내가 새를 대신하는 거지.

가지 하나를 떨어뜨릴 때도 마찬가지다. 산에 있었더라면 바람의 영향으로 자연스레 떨어져 나갔을 가지들을 쳐 내면서, '이건 바람 대신이야' 하고 되뇌인단다.

같은 일이어도 마음을 달리 먹으니 모든 게 경이롭게 여겨지더구나. 그리고 억지로 너를 살리겠다는 생각 따위는 버리게 되었다. 모든 걸 자연의 순리대로, 수억 년 전부터 이어져 왔던 삶의 원칙대로 행할 따름이지.

얼마 전엔 가평의 한 마을에서 연락이 왔다. 마을에 오래된 잣나무가 있는데 몇 달 전부터 가지가 마르더니만 이젠 아예 껍데기가 시커멓게 죽어 간다는 거였어. 상태가 심각한 것 같아 서둘러 떠날 채비를 했지. 마을 어귀에 들어서니 마음 급한 노인분들이 벌써부터 마중을 나와 계시더구나.

"우리 나무 좀 살려 주소. 우리 조부 때부터 있던 나무요."

그분들이 가리키는 곳에는 100년은 족히 살았을 법한 큰 잣나무가 서 있었단다. 나무 앞에 다다르니 군데군데 쌓아 올린 돌탑들이 눈에 들어오더구나. 그 돌 하나하나에 마을 사람들의 사연이 들어 있다고 생각하니 콧날이 시큰해졌지.

가까이 가서 보니 그 잣나무는 자기 몸을 뚫고 들어오는 벌레를 이겨 내지 못해 병이 생긴 거였어. 도대체 얼마나 썩어 들어갔는지 눈으로는 도저히 확인이 안 되더구나. 가방 안에서 끌을 꺼 내 들었지. 그리고 뚫린 구멍에 끌을 댄 순간, 내 손은 저절로 멈춰졌단다.

손등을 타고 줄줄 흘러내리는 검은 수액 때문이었어. 죽은 피처럼 시커멓게 흐르는 수액을 보며 갑자기 이런 생각이 들었다.

'이 나무는 벌써부터 죽을 준비를 해 왔구나?'

그 잣나무는 이제 자신의 운명을 다하고 자연으로 돌아가려는 거였어. 몸 안에 남아 있던 수액을 그렇게 흘려 보내며 떠날 채비를 하고 있었던 거지.

하지만 내 등 뒤에는 잣나무를 살려 달라고 애원하는 사람들이 있었다. 물론 내가 치료를 해 주면 그 잣나무는 몇 년은 더 살 수 있을 거였어. 하지만 난 그러고 싶지 않았단다. 나무는 그것을 원하지 않는데 단지 사람들을 위해 나무가 따르려는 자연의 순리를 막아선 안 된다는 생각이었지. 그래서 나는 애원하는 눈빛들을 애써 무시하며 이렇게 말했단다.

"나무가 쉬고 싶어 하니 그냥 놔두십시오."

그런데 병든 잣나무를 두고 돌아서는 마음이 편치 않았다. 나무 줄기를 타고 끊임없이 흘러내리던 검은 수액이 왜 그렇게 뇌리에서 떠나질 않던지. 하마터면 왔던 길을 되돌아갈 뻔했다. 그랬다면 틀림없이 하루 종일 그 곁에서 나무껍질을 벗겨 내고, 썩은 부위를 도려내고, 온갖 약을 발라 주며 어떻게든 살리려고 안간힘을 썼겠지.

아픈 너를 바라보는 일이 아직은 힘들고 괴롭다. 어쩌면 내가 죽는 날까지도 극복하지 못할 과제일지 몰라. 사실 지금은 어디까지가 신을 대신하고 자연을 대신하는 일인지 판단이 안 서는 때가 더 많다. 네가 아픈 게 실은 그 대부분이 네가 아닌 우리 사람들 탓이니까.

요새 들어 부쩍 네가 나를 찾는 횟수가 늘어 가더구나. 물론 말은 못하니까 사람들을 통해 나를 찾지만.

나는 언제든 네가 부르면 달려갈 준비가 되어 있다.

하지만 나무야, 나는 네가 나를 찾지 않았으면 좋겠다.

그리고 내 밥줄이 끊어져도 좋으니 네가 아프지 않고 건강하게 살았으면 좋겠다.

나무야, 아프지 마라, 제발.

Chapter 2

나무가
나에게
가르쳐 준
것들

누구는 길에서 인생을 배우고,
누구는 어린 아이에게서 인생을 배운다.
그런 의미에서 보자면
나는 나무에게서 인생을 배웠다.

결국
사람의 마음을
움직이는 것은

모과나무

"어물전 망신은 꼴뚜기가 시키고 과일 망신은 모개(과)가 시킨다"는 말이 있다. 전해 오는 얘기로 옛날에 어떤 사람이 미끈한 갈색 수피를 가진 나무를 보고 이렇게 예쁜 나무에선 어떤 열매가 맺힐까 궁금해 자기 집 앞마당에 옮겨 심었는데, 가을에 열린 못생긴 열매를 보고 기절할 듯 놀랐다고 한다.

　홧김에 베어 내려다가 문득 열매 향을 맡았는데 그 달콤한 향기에 또 놀라고, 옳다구나 싶어 한 입 깨물었다가 그 떫은 맛에 펄쩍 뛰며 놀랐다나.

　모과를 논하자면 이렇듯 모양에, 향기에, 맛에 세 번 놀란다는 말이 꼭 따라다닌다. 여하튼 불쌍하게도 모과는 그 우스꽝스러운 생김새 덕에 못생긴 것의 대명사로 일컬어져 왔다. 그런데 사실 우스꽝스러운 것은 비단 열매 생김새만이 아니다. 열매가 열리는 모양은 또 얼마나 재미난지, 별로 굵지도 않은 가지에 자루도 없이 딱 달라붙은 열매를 보고 있으면 보는 내가 다 갑갑할 정도다.

그럼에도 불구하고 향이 좋아 방향제로 쓰거나, 못 먹는 대신 차로 끓여 마시는 모과. 모과가 가진 장점은 그것만이 아니다. 앞서 얘기한 설화에서 그랬듯 모과의 나무껍질이 얼마나 예쁜지 키워 본 사람은 잘 알 것이다. 매끈한 수피는 봄에 껍질을 벗는데 그 자리에 생긴 얼룩들이 아주 독특한 빛깔을 띤다.

뿐만인가. 모과를 키우다 보면 가지마다 주렁주렁 맺힌 수많은 열매에 매해 감탄하게 된다. 내가 아는 사람은 열매 따는 재미에 모과를 키운다고도 했다. 갓난애 얼굴만 한 모과를 한 번에 백오십 개씩은 딴다나.

또한 모과를 차로만 끓여 마신다고들 흔히 알고 있는데 어릴 적 내가 살던 동네의 한 할머니는 모과를 삶아 꿀에 버무려 과자를 만들어 주시곤 했다.

좋은 향에도 불구하고 우스꽝스러운 모양새와 먹을 수 없어 쓸모없다는 선입견 때문에 실없는 과일로 취급받는 모과. 그런 모과나무를 볼 때마다 후배 녀석 하나가 떠오른다.

이렇게 직접적으로 말하긴 참 미안하지만 녀석은 아무리 잘 봐주려고 해도 참 못생겼다. 커다란 덩치에, 그냥 올려놓은 듯한 얼굴, 단춧구멍만 한 눈, 하늘을 향해 두 구멍을 활짝 벌리고 있는 뭉툭한 코, 덩치에 어울리지 않게 입은 또 왜 그렇게 작은지…….

그러나 그 사람됨만큼은 그렇게 진국일 수 없다. 사람 좋은 게 지나쳐 언젠가는 친구 사업 자금을 대 준다며 전세금을 몽땅 날린 적도 있다. 그래도 불평 한마디 않고 나중에 벌어 갚으라며 허허대던 놈이다.

그런데 그 놈이 어느 날 장가를 가겠다고 나섰다. 손자 보고 싶다고 성화인 늙은 어머니 소원을 풀어 드리고 싶단다. 그리고 오랜 시간 타지 생활을 해서인지 이제는 참 외롭다고도 했다. 언제나 허허거리며 만사 걱정 없는 놈처럼 살더니 그런 것만도 아니었구나. 그때부터 친구들과 회사 동료, 선배들의 총지원하에 녀석의 '장가보내기 작전'이 시작됐다.

그런데 선보는 자리에서 녀석을 처음 본 여성들이 그 사람됨을 어떻게 알겠는가. 대부분의 여성들은 보자마자 그 별난 외모에 고개를 저었고, 간혹 진득하게 자리를 지켰던 여자라도 녀석의 재미없는 말솜씨에 이내 인상을 굳혔다.

"형, 저 그냥 혼자 살까 봐요."

못생기고 말 좀 못하는 게 무슨 죈가. 그러나 그간 상처를 입었을 녀석을 생각하면 계속 선을 보라고 감히 말할 수 없었다. 그러나 그건 나만의 생각이었다. 다른 사람들은 무슨 소리냐며 끊임없이 선 자리를 만들어 녀석의 등을 떠밀었다.

그렇게 또 수차례 선을 본 녀석. 그러나 제멋대로 생긴 녀석의 얼굴도 그렇거니와 서른 해 넘게 지녀 온 말투가 하루아침에 달라지겠는가. 결국 모두 다 퇴짜를 맞은 녀석이 나중엔 이랬다.

"내일 선 보는 게 마지막이에요. 나가기 싫은데 그쪽에 미안해서 그냥 얼굴만 비치고 올래요."

녀석의 한숨 섞인 말을 들은 뒤 나는 다음 날 술이나 한잔 사야겠다고 마음먹었다. 그리고 다음 날 오후 나는 녀석의 전화를 기다렸다. 그런데 이게 웬일인가. 뜻밖에 수화기 너머 녀석의 목소리가 들떠 있었다.

"형, 나 이제사 내 짝을 만났나 봐요."

사연은 이랬다. 자포자기하는 심정으로 여자를 마주하니 마음이 편해지더란다. 더구나 눈앞의 여자는 지금까지 보아 온 어떤 여자보다도 뛰어난 미모와 지성을 갖추고 있어서 감히 쳐다볼 엄두조차 나지 않았다고 했다.

그러자 마음이 담담해지더란다. 그래서 녀석은 본연의 모습으로 돌아와 편한 마음으로 그간 선 본 이야기며, 그래서 속상했던 이야기며, 나아가 자기가 살아왔던 얘기를 다 털어놓았다. 실없어 보이니 웃지 말라고 그렇게 당부했건만 시종일관 허허대기만 했다나. 그런데 여자 표정이 참 진지하더란다. 열심히 녀석의 얘기를 듣다가 가끔은 눈물을 보이기도 하고, 또 허허대는 녀석을 따라 미소를 짓기도 하더라는 거였다.

그녀는 그의 사람됨을 알아챈 거였다. 그녀는 얼굴만 고운 게 아니라 마음마저 참 진실된 사람이었던 거다. 그렇게 서로를 알아본 두 사람은 결국 결혼에 골인했다. 동화 같은 그들의 결혼에 모두들 얼마나 기뻐했는지 결혼식장은 그야말로 동네 잔치 분위기였다.

문득, 올 가을 아주 실하고 향기 좋은 모과 몇 개를 구해서 녀석 집을 찾아가 봐야겠다는 생각이 든다. 그리고 2세 만들기 작업(?)에 한창인 녀석에게 이런 말을 해 주고 싶다.

"너랑 똑 닮은 녀석이 나오면 그때는 내가 모과나무를 선물하마."

아마 녀석은 무슨 악담이냐며 펄쩍 뛸지도 모른다. 못생겨서 당한 고통이 어딘데 그걸 자식에게 물려주냐며 말이다. 하

지만 내 마음은 어디까지나 진심이다. 요새 세상에 그런 후배 녀석을 닮은 진국이 하나쯤 더 있는 것도 나쁘지 않겠다는 생각에서다.

그리고 또 이렇게 말해 주고도 싶다. 모과나무가 아름다운 이유는 눈으론 절대 찾을 수 없는 숨은 매력을 간직하고 있기 때문이라고. 그러니 네 자식도 너처럼 숨은 그림을 간직한 사람으로 키우라고 말이다.

좀
바보 같으면
어떻습니까?

노간주나무

'나무가 있는 풍경'이라고 하면 사람들은 어떤 정경을 떠올릴까. 부드러운 흙이 있고, 풀이 자라고, 다람쥐, 고라니 같은 동물들이 있고, 푸른 하늘과 그 아래 흐르는 작은 개천…… 뭐 이런 것들이 아닐까.

하지만 실제 나무 중엔 절대 나무가 자라지 못할 것 같은 곳에만 뿌리를 내리는 것들이 있다. 노간주나무가 대표적이다. 어떻게 그런 곳까지 씨가 닿았는지 흙이라고는 거의 찾아볼 수 없는 바위나 돌 틈에서만 자란다.

어디 자리 잡는 곳만 그러하랴. 자라는 동안의 환경은 또 어떤지, 노간주나무가 있는 곳은 사시사철 바람만 불고 물이라곤 빗물밖에 없다. 서울에서는 도봉산 포대능선에서 노간주나무를 볼 수 있는데, 나무가 서 있는 곳을 보면 깜짝 놀랄 것이다. 이런 곳에서도 생명이 뿌리 내릴 수 있다는 사실에 말이다.

하지만 척박한 곳에서 자란다는 것만으로는 이 노간주나무를 모두 설명할 수 없다. 나는 이 나무를 볼 때마다 기특하단 생각보다는 어쩌면 이렇게 바보 같을까 하는 생각이 든다. 한마디로 노간주나무는 제 코가 석 자면서 남 생각 먼저 하는 놈이다.

이른 봄 자하문 터널을 지나 인왕산 산자락 상명대 삼거리를 지나 본 적이 있는지. 그곳에 가면 노간주나무와 함께 진달래꽃이 흐드러지게 피어 있는 걸 볼 수 있다. 노간주나무가 보인다 싶으면 그 옆에는 영락없이 진달래꽃이 얼굴을 들이밀고 있다. 생긴 것도 비슷하지 않은데 두 나무가 어떻게 무리를 이뤄 한데 자라고 있는 걸까.

그건 다 노간주나무 덕이다. 쉽게 말해 노간주나무가 진달래를 먹여 살리는 거다.

이른 봄 바위 틈에 먼저 자리를 잡는 건 노간주나무다. 그러면 어디선가 흙과 먼지가 흘러 들어와 그 견고한 돌 위에 작은 토양이 생긴다. 아니 자연적으로 생겼다기보다, 일단 뿌리를 내린 노간주나무가 제가 살아가기 위해 토양을 마련했다고 해야 옳을 것이다. 그런데 그렇게 어렵게 마련한 토양 위에 어느새 진달래 씨가 날아든다. 마치 노간주나무가 먼저 자리 잡길 기다렸다는 듯.

노간주나무 입장에서야 저 먹고 살기도 빠듯한 형편에 갑작스럽게 찾아 든 손님이 영 불쾌할 법도 하다. 그러나 노간주나무는 찾아 든 손님을 절대 식객 취급하지 않는다. 아무리 흉년이 들어도 찾아오는 거지에게 눌은밥 한 사발이라도 들려 보내는 그 옛날 어머니 인심처럼 진달래를 넉넉한 마음으로 맞아들인다. 그리고는 제 몸 웅크려 자리를 내주고 더불어 함께 산다. 어쩔 땐 객식구가 더 많아 진달래 틈에 노간주가 살고 있는 것처럼 보일 때도 있다.

처음 노간주나무를 봤을 땐 그랬다. 참 바보 같다고, 제 코가 석 자면서 남 다 퍼 주는 놈이 어디 있냐고. 그런데 참 이상하게도 내게는 노간주나무의 그런 바보 같은 모습이 오히려 사랑스럽다.

사람도 그렇지 않은가. 제 것만 챙기는 사람보단 형편이 어려워도 주변 사람 도와주며 허허거리는 사람이 더 정겹지 않

은가. 겉보기엔 답답해 보일지 몰라도, 오랫동안 기억에 남아 결국에 다시 찾게 되는 건 그런 바보 같은 사람이다.

가끔 사람과의 일로 괴로울 때, 뭔가 억울한 일이 생길 때 나는 노간주나무를 떠올린다. '일평생 불평 않고 그렇게 사는 놈도 있는데'라고 스스로 위로하며 말이다.

도봉산에 있는 노간주나무는 오늘도 이렇게 말하고 있다.

"좀 바보 같으면 어떻습니까? 좀 손해 보면 어떻습니까? 어차피 더불어 사는 세상 아닙니까?"

첫사랑이
내게
남겨 준 것

라일락

라일락 꽃향기 맡으면 잊을 수 없는 기억에

햇살 가득 눈부신 슬픔 안고 버스 창가에 기대 우네……

− 이문세의 노래 〈가로수 그늘 아래 서면〉 중에서

이른 새벽 찬 공기에 섞인 라일락 향을 맡아 본 적이 있는지. 라일락은 꽃향기가 뭉쳐 있는 이른 아침에야 비로소 그 본연의 짙은 향기를 느낄 수 있다. 사람 나이로 치면 이십 대의 싱그러움이라고 할까. 새벽녘의 신선함과 어우러진 라일락 향을 맡고 있노라면 지나간 젊은 시절의 추억이 물밀 듯 밀려온다.

젊음을 논할 때 빠지지 않는 것이 첫사랑. '라일락 - 젊음 - 첫사랑'으로 이어지는 공식은 가슴 아린 추억을 간직하고 있는 사람이라면 누구나 공감할 것이다.

라일락 향에서 젊은 날의 아련한 추억을 떠올리게 되는 것은 결코 우연의 일치가 아니다. 우리가 느끼지 못했을 뿐 실제 우리가 젊은 시절을 보냈던 곳곳에는 항상 라일락나무가 존재했다. 중고등학교 시절의 교정에서, 풋풋함이 만발한 이른 봄의 대학가에서, 첫 데이트 장소였던 공원에서, 연인과 함께 거닐던 고즈넉한 길가에서 눈에 띄진 않지만 항상 함께했던 나무가 다름 아닌 라일락이다. 라일락이 유독 사랑 노래에 자주 등장하는 것도 그 때문이 아닐런지.

내게도 라일락 하면 떠오르는 애틋한 첫사랑의 기억이 있다. 중학교 때쯤이었다. 그 또래 아이들이 흔히 그렇듯 나는 혼자 멍하니 있는 시간이면 머릿속으로 내 나름의 이상형을 그려 보곤 했다. 이성에 대한 막연한 동경이었을까. 내 마음속 그녀는 화려하지 않은, 순백의 깨끗한 이미지를 간직한 사람이었다.

그런데 어느 날 우연치 않게 꿈에 그리던 그 소녀를 현실에서 발견했다. 하얀 얼굴에 단정하게 빗어 내린 검은 머리, 살짝

다문 입술, 가지런히 모아 맞잡은 작은 손……. 숨을 제대로 쉴 수가 없었다. 심장은 왜 그리도 심하게 뛰던지.

가슴속 어딘가에 숨어 있던 풍선이 갑자기 부풀어 오르고 있었다. 황순원 작가의 〈소나기〉에서 소년이 소녀를 처음 등에 업었을 때의 그 느낌이라고 하면 맞을 게다.

그날부터 매일 비슷한 시간에 우리 집 담장 너머 골목을 지나가는 그녀를 보는 일은 하루 중 가장 중요한 일과가 되었다. 행여 들킬까 봐 담벼락 밑에 바짝 몸을 붙이고 두근거리는 가슴을 달래던 날이 얼마였는지. 나중에는 발자국 소리만 들어도 그녀인지 아닌지 구분해 낼 정도였다. 연분홍 치맛자락이 골목 귀퉁이에서 보이면 숨 한 번 크게 들이마시고 열심히 눈을 비벼 댔다. 그녀의 모습을 조금이라도 더 눈에 담기 위해 말이다. 태어나 그토록 설레던 순간이 또 있었던가. 그 벅찬 행복감은 생애 두 번 다시 찾아오지 않을 것이었다.

그러나 그 소녀는 어느 날 갑자기 내 눈에서 사라졌다. 하루가 지나고 이틀이 지나고…… 그렇게 시간이 흐르자 설레던 내 마음이 조금씩 조여 들기 시작했다. 왜 안 올까, 어디가 아픈 건 아닐까, 혹시 내가 지켜보고 있다는 걸 알아챈 걸까……. 나중에서야 우연히 들은 얘기로는 그녀의 집이 이사를 갔다고 했다. 공무원인 아버지가 전근을 가게 되어 멀리 전학을 갔다나.

이제는 그 소녀를 다시 볼 수 없는 것이었다. 하지만 나는 그 뒤로도 한참 동안 담벼락 밑을 서성였다.

말 한 번 붙여 보지 못하고, 눈 한 번 마주치지 못한 그 소녀와의 짧은 기억은 수십 년이 지난 지금도 불현듯 되살아나 마음을 설레게 만든다. 어디선가 라일락 향이 느껴질 때면 그 아련한 그리움은 한층 더 가슴을 파고든다. 처음이었기에 더 애틋하고 가슴 시렸던 나의 '첫'사랑.

살아가면서 우리는 이 '첫'으로 시작되는 사연들을 수없이 만나게 된다. 그 사연들은 모두 풋사과를 깨물었을 때처럼 시리고 알싸하다. 엄마 손에 이끌려 처음으로 초등학교 교정에 들어섰을 때, 어설프게 배운 글자로 처음 내 이름 석 자를 적었을 때, 난생 처음 술을 입에 댔을 때, 고등학교를 갓 졸업한 소녀가 립스틱을 처음 발라 보았을 때의 그 느낌들…….

그중 가장 애틋하고 가슴 저리는 것은 뭐니뭐니 해도 '첫'사랑일 게다. 처음이라는 느낌만으로도 벅찬데 하물며 거기에 사랑이 더해졌음에야.

그래서일까. 여자들은 보통 마지막 사랑을 가슴에 품고 산다지만 나는 오히려 미완성의 채 여물지 못한 첫사랑이 가슴에 남는다. 문득 라일락 향기가 그립다. 그리고 수십 년이 지난 지금 그 소녀가 어떤 모습으로 살아갈지 사뭇 궁금하다.

그러나 누군가 말했듯 어린 시절의 그녀는 그냥 과거의 모습으로 간직해야 할 것 같다. 그래야만 두고두고 간직하며 곱씹어 볼 행복으로 남을 것 같기 때문이다. 내가 마지막 눈감는 그 순간까지 그녀는 하얀 미소를 지닌 소녀의 모습일 게다. 어린 내 마음을 사로잡았던 그 모습 그대로.

받아들이는
용기를 가르쳐 준
나무

대나무

내 재산 목록 1호는 40년 가까이 찍어 온 사진들이다. 눈에 띄는 꽃을 한두 장씩 찍던 것이 언젠가부터는 전국 방방곡곡을 다니며 산과 들에 자라는 온갖 식물들을 모두 찍게 되었다. 그러다 보니 어느덧 내 사진첩에는 셀 수 없이 많은 꽃과 나무 사진들이 빽빽이 들어차 있다. 썩 잘 나온 사진이 아니더라도 내게는 귀중한 자료가 아닐 수 없다.

그런데 그 많은 사진 중 유독 내게 없는 게 있다. 바로 대나무 꽃 사진이다. 대나무야 서울 시내에서도 볼 수 있지만 그 꽃은 여간해선 눈에 띄지 않는다. 아니 내 평생 한 번이라도 볼 수 있을지가 의문이다. 대나무 꽃은 60년에서 120년 사이에 단 한 번 피어나기 때문이다.

나무는 보통 1년을 주기로 같은 일을 반복한다. 이른 봄 새 순을 올리고 그것을 기반으로 꽃을 피운 다음, 가을에 열매를 맺고, 겨울엔 다음 해를 기약하며 긴 수면기에 들어가는 것이다. 그런데 대나무는 그런 일반적인 나무의 삶에서 참 많이도 벗어나 있다. 다른 나무들은 살면서 수십 번, 많게는 수천 번까지 꽃을 피우지만, 대나무는 단 한 번 꽃을 피우고 즉시 생을 마감한다.

나무들에게 있어 꽃은 번영과 존속의 기원을 담은 화려한 결정체다. 이른 봄 꽃을 피운 나무들이 희망과 기쁨으로 충만해 보이는 것도 이런 이유 때문이다.

그러나 대나무에게 있어서 꽃은 아픔이요, 고통이다. 단 한 번 개화한다는 운명도 애달픈데 거기에 목숨마저 내놓아야 하는 대나무의 삶.

그러나 대나무는 죽는 그 순간까지 한 치도 흐트러지지 않는다. 죽음의 순간, 조금이라도 삶을 연장하기 위해 발버둥친 다거나 다음 해를 기약하며 땅속 줄기를 지키려 들지 않는다. 오히려 제대로 된 꽃을 피우기 위해 마지막까지 최선을 다한

다. 그만의 푸르름, 그만의 곧음을 간직한 채 말이다.

이처럼 기구한 자신의 삶을 의연하게 받아들이고, 최선을 다하는 대나무의 모습을 보고 있노라면 저절로 고개가 숙여진다. 대나무의 꿋꿋한 푸르름이 유독 인상 깊은 것은 바로 그 때문이지 싶다.

그런 대나무를 떠올릴 때마다 나는 마음 깊은 곳으로부터 이런 기원을 하게 된다. 내 남은 삶이 대나무처럼 주어진 그대로를 받아들이고 고개를 끄덕일 줄 아는 용기 있는 모습이기를. 그래서 마지막 숨을 거두는 순간 '한세상 잘 살고 간다'고 말할 수 있기를.

나도
누군가에게
그런 사람이었음
좋겠다

서어나무

금요일 아침, 시간을 확인하고 수화기를 든다.

"우리 마누라 있수?"

수화기 너머로 깔깔대는 웃음이 들리더니만 잠시 후 귀에 익은 목소리가 전화를 바꿔 받는다.

"야 이놈아, 약속을 했으면 그냥 만나면 되지 왜 아침부터 전화질이야? 그리고 그 마누라 소리 좀 그만할 수 없냐? 우리 진짜 마누라가 너한테 전화 오면 그런다. 남편한테 전화왔다고."

하, 이놈 봐라. 그래도 질쏘냐 능청스럽게 받아 넘기는 나.

"왜 그래~ 마누라 또 화났어?"

"어휴, 내가 졌으니까 그만해. 이 웬수 같은 놈!"

매번 통화할 때마다 끝나는 말은 '웬수 같은 놈'이다. 이렇게 아옹다옹하는 것도 벌써 50여 년. 나중에 내가 자기 얘기를 쓴 걸 알면 또 한바탕 난리를 치겠지만 내 얘기를 하자면 빼놓을 수 없는 게 바로 이 친구 놈이다. 내가 이놈을 마누라라고 부르기 시작한 게 정확히 언제였는지……. 말은 싫다고 하면서도 이제는 서로 그 호칭에 익숙해져 버렸다.

내게 있어 가장 즐거운 소일거리 중 하나가 그 친구 놈과 사진 찍으러 다니는 일이다. 아침부터 그렇게 수선을 떨며 전화를 한 것도 실은 주말에 그 친구와 사진 찍으러 가자고 약속했기 때문이다. 그렇게 함께 사진을 찍은 것도 어느새 35년.

사실 그는 옛날부터 낚시 다니는 걸 좋아했었다. 아무 생각 없이 물만 바라보는 게 좋다나. 그런 친구 놈에게 나는 "너야 생각 없이 낚는다지만 걸리는 물고기들은 얼마나 죽을 맛이겠냐. 제 목숨 다 살고 가게 그냥 놔 줘"라며 면박을 주곤 했다.

그걸로 아옹다옹 입씨름을 벌인 게 또 몇 날인지. 그런데 꿈쩍도 안 할 것 같던 녀석이 무슨 바람이 불었는지 어느 날 갑자기 카메라를 들고 내 앞에 나타났다. 그리고 내가 가는 길을 말없이 쫓아 나서더니만 하루 종일 사진을 찍는 거였다. 왜 갑자기 사진 찍을 생각을 했느냐는 물음에 친구 왈,

"물고기보단 차라리 널 괴롭히는 게 낫지 않겠냐."

친구와 함께 산엘 다니면서부터 나는 둘이서 함께 산을 오르는 즐거움을 알게 되었다. 이제는 역할 분담까지 확실히 이루어져서 내가 음식 재료를 준비하면 녀석이 멋진 요리를 내놓는다. 그렇게 끼니를 때우고 나면 카메라를 들고 각자의 시간을 갖는다. 몇 시에 다시 만나자는 약속도 없이 각자 무작정 산 깊은 곳엘 들어가는 거다. 그러다가 해 질 무렵이 되면 누가 먼저랄 것도 없이 처음 출발했던 곳으로 돌아온다.

모르는 사람은 그런다. 남자들끼리 무슨 재미로 그렇게 붙어 다니냐고. 마누라라며 친구를 쫓아다니는 나를 보고 혀를 차는 사람도 있다. 그런데 나는 '마누라'라는 애칭이 꼭 마음에 든다. 내게 있어 아내 말고 가장 친한 사람이 바로 그 친구 놈이기 때문이다.

그렇다고 성격이 비슷하냐고 하면 그건 또 아니다. 항상 나다니면서 일 벌이기를 좋아하는 나와 달리 그 친구는 무엇이든 매듭짓고 갈무리하는 성격을 지녔다. 내가 양에 가까운 성격을 지녔다면 그는 음에 가까운 성격을 지닌 것이다. 그러나 우리 둘이 땅꼬마 시절부터 함께할 수 있었던 것은 바로 그 '다름' 때문이 아닐까 싶다. 그 다름을 핑계 삼아 괜히 딴죽을 걸어 보기도 하지만, 사실 나는 그 친구가 멀리서 걸어오는 것만 봐도 기분이 좋아진다. 그 친구가 내게 특별히 뭘 해 준 것도 아닌데 그저 보는 것만으로 마음이 편해지는 것이다.

새로 산 구두보다는 뒤축을 서너 번 갈아 낀 오래된 신이 더 편한 것처럼, 그저 함께 있어 편안한 존재가 바로 그 친구다.

곁에 있어 기분 좋고, 팽팽하게 당겨진 삶의 끈을 느슨히 풀어 주는 존재. 고맙게도 나한텐 그 친구 말고 그런 존재가 또하나 있다. 북한산 행궁터에 가면 볼 수 있는 서어나무.

가끔씩 나는 그 나무 친구를 만나러 길을 나서곤 한다. 깊은 산 골짜기에 자리 잡은 서어나무 숲은 보는 것만으로도 참 기분이 좋아진다. 강하고 힘 있는 수형이 침체된 마음을 일시에 일으켜 살아 숨 쉬게 만든다. 굵게 뻗은 나무 줄기와 싱그러운 연록의 이파리들을 보고 있노라면 살맛이 난다.

그렇다고 서어나무가 이런 강한 면만을 가진 것은 아니다. 강하면서도 부드럽다고 할까. 서어나무만이 가진 그 단정하고 여성스러운 모습은 내게 안온함과 따스함을 불러일으킨다. 그래서 그 숲에 제압당하지 않고 오히려 한 걸음 다가설 수 있게 만든다.

강하면서도 부드럽고 은근하게 전해져 오는 서어나무만의

느낌은 내게는 마치 어머니 장롱 안에 있는 오래된 이불 같다. 닳고 닳아 기워진 곳이 많고, 군데군데 보푸라기가 일어나 집 안 식구들이나 덮고 자야 할 것 같은 그런 이불 말이다. 하지만 그 편안함은 그 어떤 비단 이불에 비할 바가 못 된다.

아내는 내가 서어나무 숲에 간다고 할 때마다 슬그머니 걱정의 빛을 내비친다. 친구 만나러 간다고 하고서는 쉽게 돌아올 줄 모르기 때문이다. 그렇게 한참 동안 서어나무 곁에 있으면 어느 결에 나 혼자 피식거리고 웃는다. 그 거대하고 엄숙한 나무 앞에서 웬 방정이냐고 할지 모르지만 그 엄숙함조차 편한 걸 어쩌겠는가.

서어나무 자신은 어떨지 모르겠지만 나는 놈을 친구 삼아 버렸다. 사진 찍으러 다니는 내 친구처럼 귀찮다 할지도 모르겠지만, 보는 것만으로 기분이 좋아지고 힘이 나는 존재를 만난다는 것은 쉬운 일이 아니다. 그러니 내게 그런 존재가 되어준 서어나무가 그저 고마울 밖에.

서어나무와 그 친구가 내게 그렇듯, 이 순간 나도 누군가에게 보는 것만으로도 좋아서 힘이 나는 존재가 되고 싶다는 생각이 든다. 다른 이에게 그런 존재가 될 수 있다면 사는 게 더 풍요로워지지 않을까.

얻기 위해선
잃어야 할 것도
있는 법

은행나무

은행나무처럼 오랜 시간 사람들과 함께한 나무가 또 있을까. 나는 은행나무를 볼 때마다 수억 년 전 인류의 조상들이 돌도끼를 던져 은행을 따는 우스꽝스러운 모습을 상상하곤 한다. 몇천 년씩 사는 건 예사라고 하니 아마 우리 주위에 있는 은행나무 중에는 실제로 원시인이 던진 돌도끼에 상처를 입은 나무가 있을지도 모른다.

그런 은행나무에게 길어 봐야 백 년도 채 살지 못하면서 마치 세상 모든 걸 다 아는 양 잘난 척하는 사람들이 얼마나 하찮게 보일런지. 그래도 은행나무는 예나 지금이나 변치 않고 인

자한 모습으로 서 있다.

그런 한결같음 때문인지 은행나무처럼 사람들에게 사랑을 받는 나무가 또 없다. 여름이면 푸른 그늘로, 낙엽 지는 가을이면 연인들의 쉼터로, 해를 지나서는 책갈피에 끼워진 추억으로 늘 우리와 함께 있는 나무가 바로 은행나무다.

나무 입장에서 보면 그래도 은행나무는 참 행복할 것 같다. 천재지변이 없는 한 수천 년간 생을 유지하면서 사람들에게 사랑을 받으니 말이다. 동양에서만 서식하는 특성 탓에 요새 들어서는 은행나무에 대한 관심이 더 높아지고 있다. 외국인들이 우리나라에 와서 가장 인상 깊게 본 것 중 하나가 바로 오래된 은행나무라고 할 정도니 가히 나무의 왕이라고 할 만하다.

세상 부러울 것 없어 보이는 은행나무. 그런데 사실 은행나무는 은행나뭇과에서 오직 하나의 속屬, 하나의 종種만 있는 외로운 나무다. 더구나 독립수라는 특성 때문에 숲을 이루지 못한다. 저희들끼리도 한데 어울려 자라지 못하는 것이다.

또한 워낙 크게 자라다 보니 주변에는 작은 풀조차 뿌리를 내리지 못한다. 거대한 몸집으로 땅속의 영양분을 독식하고 넓게 뻗은 가지로 해를 전부 가리니, 그 근처에 뿌리를 내리는 것은 다른 나무들에겐 곧 죽음과도 같다.

게다가 은행나무는 경우에 따라 평생 자식 한 번 못 본 채 생을 마감하기도 한다. 은행나무는 암나무와 수나무가 따로 있어, 암꽃은 근처에 있는 수나무가 꽃가루를 날려 보내야만 자손을 볼 수 있다. 그런데 가만 보면 우리 주변의 오래된 은행나무들은 대부분 암나무이다. 만일 근처에 수나무가 없다면 이 은행나무는 백 년이고 천 년이고 수정 한 번 못 해 본 채 살아야 하는 기구한 운명에 처하게 된다.

뿐만인가. 은행나무는 병충해로부터 자신을 보호하기 위해 스스로 독을 만들어 낸다. 우리가 혈액순환제로 알고 있는 '징코민'이라는 것도 따지고 보면 은행나무가 만들어 낸 일종의 독이다. 그런데 살기 위해 자구책으로 만든 독이 결과적으로 주위의 모든 생명체를 물리치는 결과를 초래한다. 얼마나 독하면 집안의 개미를 없앤다고 일부러 은행나무 잎을 방바닥에 깔아 놓을까. 차라리 제 몸 일부를 포기하고 다른 생명과 더불어 살면 좋으련만 안타깝게도 은행나무는 오랜 시간 살아온 습성을 절대 버리지 못한다.

누구에게나 사랑받으면서 오래오래 사는 은행나무. 그러나 그 행복 뒤에는 이렇게 '외로움'이라는 큰 대가가 따른다.

가끔씩 나는 내가 나무로 태어나면 어떨까 하는 생각을 한

다. 그중에서도 만일 은행나무로 태어난다면…….

일단은 좋을 것 같다. 은행나무처럼 사람들의 따뜻한 관심 속에 오랜 시간 빛을 발하는 나무도 없을 테니까. 아주 긴 시간 사람들이 살아가는 모습을 지켜보며 때론 치성의 대상이 되기도 하고, 연인의 편지에 함께 동봉되기도 하고, 지친 발걸음을 쉬게 하는 그늘이 된다는 것. 생각만으로 가슴 벅찬 일이다. 또한 백 년을 일 년같이 여유로운 마음으로 살 수 있는 건 장수의 표상인 은행나무가 아니고선 불가능한 일일 것이다.

그러나 깊이 숨겨진 비밀을 생각하면 은행나무가 된다는 것에 선뜻 자신이 서질 않는다. 천 년이고 이천 년이고 사람들의 칭송을 받으며 사는 삶은 결국 철저한 외로움을 전제로 얻은 게 아니던가.

수천 년 버티는 동안 은행나무는 얼마나 힘들었을까. 그렇게 여유로운 모습 속에, 노랗고 화사한 이파리들 속에 그런 고통이 숨어 있다는 걸 누가 알아줄까. 하나를 얻으려면 하나를 잃어야 한다는데, 은행나무를 보면 그 말이 실감이 난다.

오랜 시간 버틴 끝에 굵은 몸집으로 우뚝 선 은행나무. 이제 아름드리 은행나무를 보면 이런 말부터 전해야 할 것 같다.

"외로워도 잘 버텨라. 너에게는 그래도 너를 사랑하고 아껴 주는 사람들이 있잖니."

사위 사랑이
이러하기를

사위 질빵

이제는 딸 숙영이가 결혼해서 옛날 일이 되었지만 나는 가끔 딸에게 묻곤 했다.

"숙영아, 너 나중에 어떤 사람이랑 결혼하고 싶어?"

그럴 때마다 딸은 무슨 뚱딴지같은 소리냐는 듯 나를 힐끔 바라보곤 대꾸도 하지 않고 제 방으로 쏙 들어가 버리곤 했다. 한번 물고 늘어지면 끝장(?)을 보고야 마는 아빠 성격을 알기에 아예 처음부터 피해 버리는 것이다. 그렇다고 내가 포기할 리 만무하다.

"야, 그러지 말고 대답 좀 해 봐. 너 나중에 어떤 놈 데려올

건데?"

역시 내 딸답다. 딸은 그 질문에 한 번도 답을 해 준 적이 없다. 하긴 딸이 어떤 대답을 했든 나는 '괜찮네'라고 했을 것이다. 내가 아내를 선택했을 때 그랬듯이 딸아이의 선택을 전적으로 존중하기 때문이다. 내가 사위랑 같이 살 것도 아닌데, 내가 뭐라고 트집을 잡거나 반대하겠는가. 다만 나는 자식이 딸하나뿐이다 보니 사위를 맞으면 아들 삼아 친구 삼아 지내고 싶다는 바람은 있었다. 하지만 그것 또한 아버지인 내 욕심일수 있기에 딸아이에게 내색한 적은 없다.

여름에 산을 오르다 보면 산 초입에서 낮은 관목들을 타고 올라가는 덩굴을 볼 수 있다. 칡이나 다래처럼 두껍거나 질기지 않고, 연하디 연한 줄기에 흰 꽃을 풍성하게 달고 있는 그 나무가 바로 사위질빵이다. 워낙 연하고 잘 끊어지는 줄기 때문에 얻은 이름이 바로 '사위질빵'. 여기엔 예부터 전해져 오는 얘기가 있다.

우리나라는 옛날부터 사위에 대한 사랑이 참 극진했던 것 같다. 사위 오면 씨암탉 잡는다는 말이 괜히 나온 게 아니다. 그런데 무슨 이유 때문인지는 모르겠지만 옛날 풍습 중에는 사위를 불러다가 추수를 돕게 하는 예가 있었다. 귀한 사위에게 시킨 일이니 그게 힘들어 봐야 얼마나 힘들었을까 싶지만, 여하튼 일꾼들 틈에서 땀 흘려 일하는 사위를 보고 장인 장모 마음이 편했겠는가. 보다 못한 장모가, 짐을 많이 지지 않게 해 주려고 사위의 질빵은 잘 끊어지는 나약한 나무 줄기로 묶어 주었다. 그걸 알아챈 일꾼들이 약하디약한 사위의 질빵을 보면서 "그걸로 어떻게 짐들을 나르겠냐"며 놀려 대었다. 그 뒤부터 잘 끊어지고 연약한 덩굴을 사위질빵이라 부르게 되었다고 전해진다.

그러나 사실 사위질빵은 줄기만 약할 뿐이지 본디 병약한 나무는 아니다. 바람을 타고 씨가 날아들어 자리를 잡게 되면 산과 들 어디서든 뿌리를 내리고 잘 자란다.

그리고 그 약해 보이는 줄기에서 어쩌면 그렇게 향긋하고 아름다운 꽃이 피어나는지, 작은 꽃들이 모여 커다란 뿔 모양을 이루는 걸 보고 있으면 환하게 켜진 전등을 보듯 마음마저 밝아진다.

나는 사위질빵에 얽힌 사연도 좋긴 하지만 그 살아가는 모습에 더 정이 간다. 줄기가 아무리 잘려 나가도 해를 거듭해 꽃을 피우는 그 생명력이 참 대견하고 장하다. 그래서 딸이 누군가를 데려온다면 사위질빵 같았으면 좋겠다는 생각을 하곤 했다. 그러면 얼마나 든든하고 안심이 되겠는가.

그런데 신기하게도 딸은 몇 년 전 딱 사위질빵 같은 녀석을
데리고 와서는 결혼을 하고 싶다고 했다. 덤으로 아들 하나 얻
는다 생각하니 기뻤는데 그 녀석이 사위질빵을 닮아 얼마나
좋았는지 모른다. 다행히 둘은 지금도 지지고 볶으며 잘 살아
가고 있다. 감사한 일이다. 그래서인지 산에서 사위질빵을 만
나면 사위를 만난 것처럼 유독 반갑고 기분이 좋다. 생각난 김
에 사위한테 전화나 해 봐야겠다.

씩씩함에
대하여

개나리

개나리처럼 우리나라에 전국적으로 피어나는 꽃도 없을 것이다. 봄만 되면 한반도 어디에서나 볼 수 있는 개나리. 그 노란 꽃망울이 일시에 터지면 봄 거리는 온통 흥분과 설렘으로 가득해진다.

해가 잘 들어야 꽃을 일찍 피운다는 것만 빼놓고 개나리는 무엇 하나 가리는 게 없다. 공해에 찌든 서울 시내 한복판에서도 매해 봄 어김없이 건강한 꽃을 보이는 것도 개나리의 타고난 씩씩함 때문이다. 같은 땅이라도 개나리 아닌 다른 꽃나무가 뿌리를 내렸더라면 그만큼 화사한 꽃을 피워 내기 힘들었을 것이다.

서울 응봉동 뒤의 바위산은 매해 봄만 되면 산 전체가 개나리로 뒤덮이는데 어떻게 그런 곳에서 꽃을 피울 수 있는지 신기할 정도다. 어디 바위뿐이랴. 가지를 꺾어 화병에 꽂아 두어도 변함없이 꽃봉오리를 터뜨린다. 그런 까닭에 나는 그 노란 꽃이 주는 화사함보다 개나리 본연의 그 씩씩함에 더 정이 간다. 그런 개나리를 볼 때마다 떠오르는 얼굴이 하나 있다.

군 복무 시절, 말년에 나는 배관 기술을 배웠다. 어떤 뜻이 있었다기보다 군 생활에 신물이 난다는 이유로 택했던 일. 그러나 나는 결국 그 기술 덕에 중동행 비행기에 올랐다.

특별한 걸 기대하지는 않았지만, 그래도 답답한 현실의 탈출구가 되리라 기원하며 떠났던 중동. 그러나 비행기에서 내려 직접 본 중동의 사막은 내가 그리던 모습이 아니었다. 하늘 아래 보이는 거라곤 끝없이 펼쳐진 모래 언덕뿐, 오아시스는커녕 선인장 한 뿌리 찾아볼 수 없는 그곳에 사람이 살 수 있다는 게 그저 신기할 따름이었다.

그러나 그런 감상도 잠시의 사치였다. 40~50도를 넘나드는 한낮의 열기 속에 수건으로 얼굴만 간신히 가린 채 작업하길 며칠. 끝도 없는 파이프라인을 연결하는 공사가 계속되면서 집으로 돌아가고 싶다는 생각이 간절해졌다.

하지만 그보다 더 힘겨운 것은 외로운 밤을 견뎌 내는 일이었다. 일교차가 심한 사막은 밤만 되면 마치 얼음처럼 싸늘하게 식었다. 그런 싸늘한 사막 한가운데서 느끼는 외로움은 정말 견디기 힘들었다. 가슴 한가득 차오르는 향수를 달래며 밤하늘을 올려다보길 얼마나 했을까.

어느 날 밤이었다. 어디선가 갑자기 노랫소리가 들려왔다. 가만히 들어 보니 〈밀양아리랑〉이 아닌가.

"날 좀 보소 날 좀 보소 날 좀 보소. 동지 섣달 꽃 본 듯이 날 좀 보소~."

갑자기 웃음이 튀어나왔다. 어느 놈이 여기까지 와서 밀양 아리랑을 부르는 걸까. 노랫소리를 따라가 보니 내 또래의 한 남자가 눈에 들어왔다. 어디서 구했는지 짤막한 나뭇가지로 파이프를 두드리며 신나게 노래를 부르는 폼이 어찌나 재미있던지. 중동 사막 한가운데서 밀양아리랑을 들으며 나는 오래간만에 배를 잡고 웃을 수 있었다.

그렇게 신나는 밤을 보낸 다음 날부터 나는 쉬는 시간마다 그 친구를 찾았다. 다들 옷차림이 비슷해 누가 누군지 구별하기 어려웠지만 그 친구만은 멀리서도 눈에 띄었다. 시커멓게 그을린 얼굴에 언제나 하얀 이를 드러내며 웃고 있었기 때문이다.

알고 보니 그는 자기가 속한 조 안에서도 별명이 '하회탈'일 정도로 웃음이 넘치는 놈이었다. 누가 싫은 소리를 해도 허허, 일이 아무리 힘들어도 허허, 사람들 힘내라고 또 허허…….

처음엔 그저 웃긴 놈이라고만 생각했다. 참 실없다고도 생각했다. 언제나 노래를 흥얼대며 다니는 모습에 혹시 미친 게 아닌가 하는 생각마저 들었다. 그러면서도 일은 또 얼마나 열심이던지, 공사 마감이나 기기 정비 같은 것은 자기가 신경 쓸 일이 아닌데도 두 팔 걷어붙이고 나서곤 했다.

그 친구의 씩씩한 모습은 이국 땅에서 한창 괴로워하던 나에게 참 신선하게 다가왔다. 사막 위에서 이대로 죽고 싶다는 생각이 들다가도 그 친구 말 한마디면 툭툭 털고 일어날 힘이 생기기도 했다.

그러던 어느 날, 잠이 오질 않아 밖에 나와 있는데 마침 그 친구가 눈에 띄었다. 뭐하냐고 물었더니 동생에게 편지가 와서 읽고 있다고 했다.

오 남매 중 장남인 그는 3년 전에 아버지를 여의었다고 했다. 아버지가 계실 땐 부족한 형편이라도 밥은 굶지 않았는데, 아버지가 돌아가신 뒤로 급격히 살림이 어려워져 결국엔 온 가족이 거리에 나앉을 형편이 되었단다. 어머니가 광주리를 이

고 다니며 어렵게 과일 장사를 한 덕에 겨우 고등학교까진 나왔는데, 아래 동생들을 생각하니 도저히 대학에 갈 염치가 없었다고 했다. 그의 중동행은 대학 가기를 포기하고, 집안 식구들을 먹여 살리겠다는 생각에 택한 길이었던 것이다.

"난 예서 번 돈으로 우리 엄마 집 한 채 지어 드리고 싶다."

한겨울에 우물을 안 길러도 되고, 외풍도 심하지 않은 그런 집을 자기 손으로 지어 드리겠다며 평소처럼 환하게 웃는 그. 그 웃음 앞에서 내가 무슨 말을 할 수 있었을까. 그러나 정작 그는 말을 마친 뒤 아무렇지도 않게 자리를 털고 일어났다. 그러더니만 이제 자러 가야겠다며 평소 부르던 밀양아리랑을 흥얼거리기 시작했다.

그렇게 2년간 중동 생활을 함께한 그 친구는 내가 서울에 돌아오면서 연락이 끊어져 버렸다. 워낙 사람들을 챙기지 못하는 내 성격 탓에 연락처를 그만 잃어버린 것이다. 그러나 아직까지도 나는 사는 게 힘이 들 때면, 노랗게 피는 개나리를 볼 때면 그 친구 생각이 간절해진다.

아마도 그 친구는 이 땅 어디에선가 그 환한 웃음을 보이며 열심히 살아가고 있을 것이다. 어쩌면 손수 짓겠다던 집에서 사랑하는 가족들과 행복한 삶을 보내고 있을지도.

혹시라도 이 글을 친구가 보게 된다면 내게 연락을 해 줬으면 좋겠다. 그 친구를 만나게 된다면 꼭 이렇게 얘기해 주고 싶다. 함께해서 즐거웠노라고, 그리고 네가 있어 힘든 중동 생활 무사히 마칠 수 있었노라고.

더불어
산다는 것의
의미

전나무

오래되긴 했지만, 영화 〈편지〉를 본 사람은 사랑하는 두 남녀가 자전거를 타고 오가던 광릉수목원 앞의 그 예쁜 길을 기억할 것이다. 잘 다져진 길의 양옆으로 아치형을 이룬 아름다운 나무가 바로 전나무다. 전나무가 조화를 이룬 멋진 절경 덕에 그곳은 누구나 한 번쯤 들러 보고 싶은 명소가 되었다.

그러나 전나무의 진짜 아름다운 모습은 깊은 산 속의 숲에서 비로소 볼 수 있다. 언젠가 오대산 월정사 옆의 전나무 숲엘 간 적이 있다. 전나무들끼리 어우러져 곧게 자란 모습을 본 순간, 내 입에선 이 말이 저절로 튀어나왔다.

"저런 게 바로 나무구나."

전나무의 가장 큰 특징은 '곧음'에 있다. 다른 나무들처럼 휘거나 굽은 구석 하나 없이 그 몸통이 곧고 바르다. 주변 환경이 어떻든 절대 굽어 자라지 않고 하나의 줄기로, 위로만 뻗는다. 이렇듯 줄기가 하나의 줄기로, 곧게 자라는 특성을 '일지一支'라고 한다.

그런데 이렇게 위로만 자라는 나무들을 보면 한 가지 문제가 있다. 주변에 버텨 줄 만한 게 없으니 결국 바람이 조금만 불어도 휘청휘청 갈피를 못 잡게 된다.

그런데 전나무 숲의 나무들은 그렇게 위로만 곧게 자라면서도 절대 흔들리거나 부러지는 예가 없다. 왜 그럴까. 그것은 저희끼리 적당한 간격으로 무리를 이뤄 각종 풍상을 이겨 내기 때문이다. 만일 전나무가 저 혼자 잘났다고 한 그루씩 떨어져 자랐더라면 그 곧은 줄기가 눈이나 바람, 서리를 이겨 내지 못해 결국엔 부러지고 말았을 것이다.

강직하게 외대로 자라지만 더불어 살아갈 줄 아는 전나무. 결국 더불어 사는 전나무의 모습은 제 스스로를 더 굵고 강하게 만드는 바탕이 된다. 남을 앞지르려 하기보다 손잡고 함께 사는 것이 종국에는 스스로를 더 강하게 만든다는 걸 어떻게 알았을까.

우리나라의 산과 들에는 실국수처럼 가느다란 몸집에 키만 커서 가벼운 바람에도 휘청거리는 나무들이 유독 많다. 특히나 조림지에 가 보면 곧지만 앙상하게 마른 나무들이 한결같이 위태로운 모습을 하고 있다. 남과 경쟁하며 독단적으로 자라다 보니 결국엔 혼자 힘으로 서 있기조차 힘든 상황이 되고 마는 것이다.

그 모습을 보고 있노라면 마치 우리들이 사는 모습 같아서 안타깝다. 왜 우리 주변에도 있지 않은가. 한결같긴 하지만 절대 남의 말을 듣지 않고 끝까지 자신이 옳다고 우기는 사람들 말이다. 애초의 강직함이 독단으로 변질되어 자기 세계에 갇혀 버리는 것이다.

누군가 말했다, 곧은 삶은 외로운 법이라고. 혼자 가야 하는 길이라고. 그러나 나는 곧은 삶일수록 더불어 남과 함께 걸어야 한다고 생각한다. 혼자 강직하고, 혼자 곧으려는 자는 절대 남이 하는 말에 귀 기울이지 못한다. 그렇게 자기만의 세계에 갇혀 초심마저 흐려져 버리면, 종국엔 고집불통으로 남아 모두에게 외면당하기 십상이다. 오로지 자기 주장만 하며 끝까지 고집 피우다 무너진 사람들이 우리 사회에 어디 한둘인가.

전나무의 어우러진 모습을 대할 때마다 나는 아웅다웅 다투

며 서로 이기려고 드는 사람들이 떠오른다. 신문이나 뉴스에서 늘상 나오는 얘기가 서로 다투고 경쟁하는 모습이 아니던가.

내 안의 고집스러움, 남을 이기려는 마음을 다시금 되돌아보게 하는 전나무. 깊은 산 속에서 더불어 곧게 자라는 전나무는 우리들이 사는 모습을 보며 어떤 생각을 하고 있을까.

결혼을 앞둔
사람들에게
해 주고 싶은 말

자귀나무

나무를 보러 이곳저곳 다니면서 느낀 사실 중의 하나. 나무가 많은 곳은 인심 또한 넉넉하다. 마을 입구에 커다란 정자수가 있고, 논과 들 곳곳에 크고 작은 나무들이 어우러져 있는 곳은 십중팔구 사람들 마음이 따뜻하다.

한 30년 전쯤, 우연히 집이 다 해 봐야 열 채 정도밖에 안 되는 작은 마을이 나무로 둘러싸여 있는 풍경을 발견하게 되었다. 저 멀리 마을을 안고 있는 뒷산은 정말이지 그림처럼 예뻤다. 갑자기 그 산에 살고 있는 나무들이 궁금해졌다.

나는 당장에 걸음을 멈추고 카메라를 챙겼다. 초여름 산에는 온갖 꽃들이 만발해 있었고, 나는 꽃나무들에 취해 연신 셔터를 눌러 댔다. 시간이 얼마나 지났는지 나무 그림자가 길게 눕는 걸 보고 부랴부랴 산을 내려왔지만 해는 벌써 흔적을 감춰 버리고 금세 사방이 어두워졌다. 결국 나는 시내로 나오는 걸 포기하고 몇몇 할머니들이 모여 앉아 있는 정자수 밑에 다가갔다.

"어이구, 낮에 봤던 사진가 양반 아녀. 근데 왜 아직꺼정 여기 있는 거여?"

"산에 있다 보니 그렇게 됐네요. 여기서 시내로 가려면 어떻게 가야 하나요?"

그때부터 할머니들 사이에 난리가 났다. 마을이 워낙 외진 곳이라 시내까지 한참 걸린다는 둥, 가는 길이 어두워 길을 못 찾을 거라는 둥 걱정이 이만저만이 아니었다. 그러더니 내게는 묻지도 않고 당신들끼리 내 거취 문제를 의논하기 시작했다.

"그러지 말고 아래 새댁네서 묵고 가면 되겠네."

"맞다 맞다. 둘만 사니 집도 조용허고 묵고 가기 좋겠네."

주인 허락도 없이 어떻게 그러냐고 한사코 만류하는 나와, 괜찮다며 벌써 저만치 앞장서는 할머니들. 결국 나는 생전 처음 보는 낯선 사람 집에서 하룻밤을 묵게 되었다.

그 집 부부는 참 넉넉한 마음을 갖고 있었다. 둘만 있어 적적

했는데 잘 되었다면서 저녁상까지 일부러 내온 부부. 염치 불구하고 한 그릇 뚝딱 해치우는 내게 더 들라며 숱째 밥을 내오는 그 인심이 얼마나 정겹던지, 나는 밤이 깊은 줄도 모르고 두 부부와 이야기판을 벌였다. 나무 얘기며, 그간 살아온 얘기며, 이제 막 태어난 딸아이 얘기며…….

삼촌에게 옛날 이야기를 듣듯 경청하는 두 사람의 모습은 오누이같이 다정해 보였다. 서로의 어깨를 기대고 앉은 모습이 아직도 생생하다.

잠자리에 들 시간, 새댁이 마련해 준 자리에 이불을 덮고 누웠는데 도무지 잠이 오지 않았다. 하루 사이에 일어난 일들이 꿈처럼 느껴졌다. 그도 그럴 것이 아무리 시골 인심이 좋다 하더라도 내가 받은 환대가 어디 가당키나 한 일인가.

이런저런 생각 끝에 잠자는 걸 포기하고 마당에 내려섰다. 뒷간이 어딘가 찾는데 안방 불이 아직 켜져 있었다. 뒤꿈치를 들고 슬그머니 그 앞을 지나려는데 부부가 조용히 주고받는 얘기 소리가 들렸다. 시냇물 흘러가는 소리라고 하면 꼭 맞을 게다. 코앞에서 손님이 자고 있다는 걸 의식해선지 저희끼리 도란도란 주고받는 그 소리에 저절로 걸음이 멈춰졌다.

'둘이 있어 적적하다는 건 순 거짓말이었구나.'

무슨 할 얘기가 그리도 많은지 내가 한참을 마당에 서 있었는데도 그 방 불은 꺼질 줄 몰랐다. 그런데 무심결에 고개를 돌린 내게 그 방 미닫이문 앞에 서 있는 나무 한 그루가 눈에 들어왔다. 가지 하나에 우산 모양으로 달려 있는 분홍 꽃무리. 바로 자귀나무였다.

자귀나무는 밤이 되면 양쪽으로 마주 난 잎을 포개고 잠을 잔다. 재미있는 건 잎마다 서로 맞닿을 짝이 있다는 점이다. 그래서 밤이 되어 서로 포개질 때면 외롭게 홀로 남는 잎이 없다. 그렇게 정답게 짝을 이루는 특성 탓에 옛날엔 자귀나무를 신혼부부 집에 선물하기도 했단다. 사람들은 봉황의 깃처럼 화려한 꽃에 후한 점수를 주지만, 나는 낮 동안 서로 떨어져 있다가 해가 지기 무섭게 제 짝을 찾아 정답게 마주하는 잎의 생리가 더 귀엽고 예쁘다.

그 부부 방 앞에 심어진 자귀나무의 잎 역시 서로 짝을 찾아 정답게 포개져 있었다. 누가 혹시 떨어뜨려 놓을까 싶어 모양새까지 꼭 맞춰 한 잎처럼 붙어 있는 모습을 보고 있으려니 저절로 웃음이 터져 나왔다. 잠시 후 방에 불이 꺼지는 걸 보고 잠자리로 돌아와 누웠다. 자귀나무와 금실 좋은 부부 모두 좋은 꿈 꾸길 바라며.

다음 날 새벽, 부스럭거리는 소리에 눈을 뜨니 부부가 벌써 일어나 하루를 맞을 채비를 하고 있었다. 마당에 나와 보니 자귀나무 잎은 어느새 또 떨어져 있다.

"이놈들 언제 그랬냐는 듯 떨어져 있네. 엉큼한 녀석들 같으니라고."

자귀나무를 보고 한마디 했더니 새댁이 다가와 무슨 말이냐고 묻는다. 알고도 모르는 척하나 싶어 떠봤더니 정말 자귀나무에 대해선 하나도 아는 게 없는 눈치였다. 어젯밤 잘 쉬게 해주었으니 내가 좋은 것 가르쳐 주겠노라며 자귀나무 얘기를 꺼냈다. 자귀나무를 마당에 심으면 부부의 금실이 좋아져 이별을 막는다는 얘기도 덧붙였다. 그때 내 말을 듣던 새댁의 표정은 아직까지도 잊히지 않는다. 큰소리로 남편을 불러다 놓고서는 펄쩍 뛰며 행복해하는 모습이란.

벌써 30년이나 지난 일이지만 아직도 자귀나무를 볼 때면 유난히 정다웠던 그 부부의 모습이 떠올라 마음이 훈훈해진다. 그 후 다시 그 마을을 찾을 기회가 없었지만 이 땅 어디에선가 그 부부는 예전 모습 그대로 서로를 아끼며 살고 있을 것 같다. 자귀나무야, 물론 너도 잘 지내고 있겠지?

회화나무 앞에서
소원을
빌어 봅니다

회화나무

지금은 아니지만, 압구정 로데오거리가 트렌드를 선도하는 젊은이들로 북적일 때가 있었다. 형형색색의 옷과 화려한 머리 모양을 한 사람들, 여기저기서 들려오는 웃음 소리, 각종 상품으로 손님을 유혹하는 상점들…….

하루는 근처에 볼 일이 있어 갔다가 우연히 로데오거리를 걷게 되었다. 나도 저런 걸 즐길 때가 있었는데 하며 이곳저곳 신기한 눈길로 구경을 하는데 갑자기 내 눈에 확 띄는 게 있었다. 로데오거리 양 길가에 길게 늘어서 있는 나무들이었다. 순간 놀라 멈칫하고 섰는데 내 옆을 스쳐 지나던 연인 한 쌍이 이런 말을 주고받았다.

"여기에 아까시나무가 다 있네."

"그러게 말야. 요샌 시골에서나 볼 수 있던데."

그 말을 듣고 아니라고 말해 주고 싶었지만 이미 그들은 횡단보도에 내려선 뒤였다.

로데오거리의 일부를 채우고 있던 그 나무는 아까시가 아니라 회화나무였다. 언뜻 보면 아까시나무와 비슷하지만, 그와 달리 가시가 없는 게 특징이다.

로데오거리에서 회화나무를 만났을 때의 느낌은 너무도 생소했다. 나이 지긋한 옛날 선비가 신세대 취향의 커피숍에 어정쩡하게 앉아 있는 것 같다고 할까. 창경궁이나 창덕궁, 경복궁 같은 고궁에서 어떻게 압구정까지 행차를 하셨는지, 만일 회화나무가 말을 할 줄 알았더라면 찢어진 청바지를 입고, 머리 전체를 노란색으로 물들인 채 거리를 활보하는 젊은이를 보고 "떼끼 놈!" 하고 호통을 쳤을지도 모르겠다.

어느 시詩에서는 회화나무를 가리켜 "바람도 품에 안는 장엄한 포용으로 풍성한 그늘을 내린다"고 했다.

옛 사람들도 비슷한 생각을 했던지 예로부터 회화나무는 충절을 지키는 공신, 선비의 풍모에 비유되어 왔다. 특히나 양반

집에서는 회화나무를 심어야 큰 인물이 많이 나온다고 해서 으레 마당 한 켠에 회화나무를 심었다.

또한 궁궐에서도 회화나무를 즐겨 심었다고 하는데 지금도 서울 창덕궁의 후원과 창경궁, 경복궁에 가 보면 입구마다 커다란 회화나무가 자리하고 있다. 조정을 지키는 대신들로 하여금 회화나무 같은 품성으로 나랏일을 보라는 의미가 아니었을지. 워낙 정갈하고 대쪽 같은 성격 탓에 잡귀신은 감히 다가서지 못하고 대신大神만이 쉬어 가는 나무라던가.

이런 여러 가지 이야기 때문일까. 나무를 치료하러 다니다가 우연히라도 회화나무를 만나게 되면 그 엄숙함에 절로 고개가 숙여진다. 옛 선비가 회화나무로 환생한 것 같은 착각에 빠질 정도다. 워낙 존경할 만한 인물이 귀한(?) 시대인지라 그런 마음이 더한 건지도 모르겠다.

그래서 나는 회화나무 앞에 서면 옛 사람들처럼 큰 인물이 나오게 해 달라고 기원하곤 한다.

어쩌면 그것은 나 같은 서민들이 살기 좋은 세상, 먹을 것 부족해도 웃을 일 많은 세상이 왔으면 좋겠다는 막연한 바람일지도 모르겠다.

생각해 보니 옛날 궁궐에는 그렇게 많이 심었다는 회화나무를 정작 여의도 국회의사당에서는 본 적이 없는 것 같다. 혹시 내가 못 보고 지나쳤을 수도 있겠지만, 왠지 정치인들이 회화나무 보기를 꺼리는 게 아닌가 싶어 가슴 한 켠이 쓸쓸해진다.

친구야, 부탁이 하나 있어

안녕. 사람과 이렇게 이야기를 나누는 게 얼마 만인지 모르겠구나. 매일 아침 거리에서, 집 뜰에서 얼굴을 마주 대하면서도 안부 인사조차 나눌 시간이 없으니까. 나랑 눈 맞출 시간도 없을 만큼 사람들은 그렇게 바쁜 거니?

예전에는 길을 가다가도 내 그늘에 들어와 이런저런 얘기를 들려주곤 했는데, 이젠 내가 곁에 있다는 사실조차 느끼지 못하는 것 같아.

내 나름대로 끊임없이 말을 걸며 신호를 보내곤 하지만 그런 내 마음은 언제나 해바라기의 짝사랑으로 끝나곤 한단다. 외면당한 마음은 쓸쓸하지만 언제고 다시 내게 눈을 돌려주길 말없이 기다릴 수밖에.

얼마 전 친구들과 이런 아쉬움들에 대해 이야기를 한 적이 있는데, 마침 그때 너희 사람들이 만들어 낸 나무 이야기를 듣게 되었어. 그래도 우릴 잊지 않았구나 하는 마음에 처음엔 무척 반가웠단다. 너도 잘 알 거야. '아낌없이 주는 나무'라던가.

나무와 한 소년이 있었지. 소년은 매일 나무에게로 와 나무가 떨군 잎들로 왕관을 만들어 쓰고, 나무 기둥에 올라가 그네도 타고, 또 열매를 따먹기도 했어. 놀다 지치면 나무 그늘 아래서 자기도 하면서 말이야. 소년은 나무를 사랑했고 그래서 나무는 행복했대.

그사이 소년은 나이를 먹어 갔고 나무는 혼자 있는 시간이 많아졌지. 그러던 어느 날 소년은 돈이 필요하다며 나무를 찾아왔고 나무는 고민 끝에 자기 가지에 달린 사과들을 모두 소년에게 주었어. 사과를 등에 한 짐 지고 떠나는 소년을 보며, 나무는 행복해했지.

얼마나 지났을까. 오랫동안 떠나 있던 소년이 다시 돌아와 이번엔 집이 필요하다고 했어. 고민하던 나무는 자신이 가진 나뭇가지들을 모두 내주고 행복해했지.

그 뒤 늘그막에 다시 나무를 찾아온 소년은 나무 기둥까지 베어 낸 뒤 배를 만들러 떠나 버렸어. 나무는 그래도 자신에게 무언가 줄

게 남아 있다는 사실에 또다시 행복을 느꼈지.

마지막 장면이던가. 편히 쉴 곳을 찾아 돌아온 소년에게 나무는 안간힘을 다해 이미 잘려 나간 몸뚱어리를 곧게 펴 앉을 곳을 마련해 줬어. 소년은 나무가 내어 준 나무 밑둥에 앉아 지친 몸을 쉬었지. 이미 늙어 버린 소년의 무게를 온몸으로 느끼며, 나무는 행복해 했대…….

그래. 《아낌없이 주는 나무》는 그렇게 끝이 났어. 많은 사람들이 이 책을 읽고 감명을 받았다고 하더군. 어느 누군가는 자신이 가진 것을 송두리째 내놓으면서도 그것으로 행복해할 수 있는 태도를 본받고 싶다고 했다지.

그런데 말이야. 나는 이 이야기를 들으며 마음 한 켠에 왠지 모를 허전함이 느껴졌어. 과연 그 나무가 정말 행복했을까 하는 의문이 들면서 말이야.

나무도 사람과 마찬가지로 생명체라서 누군가 톱이라도 대면 아파서 비명을 지른다는 걸 너도 잘 알 거야. 그렇게 살아 숨 쉬는 나무가 누군가에게 하나부터 열까지 가진 것을 송두리째 내어 주고, 마지막으로 밑둥이 되면서까지 과연 행복했다고 말할 수 있을까.

나무가 주는 것들을 일방적으로 받기만 하고, 그것도 모자라 뿌리만 남겨 둔 채 베어 버리는 소년은 행복했을지 몰라. 그러나 소년은 그렇게 모든 걸 내준 나무의 마음을 절대 알지 못했을 거야. 그렇게 다른 곳만 바라보는 소년을 대하며 그 나무는 어떤 심정이었을까. 나는 그 나무가 흘렸을 보이지 않는 눈물이 느껴진다. 결국 "나무는 행복했다"고 말하는 건 사람의 입장에서만 생각한 잘못된 편견이지 않을까 싶어.

하지만 사실 내게도 사람으로 인해 행복했던 시절은 있었어. 사람들 입에서 나무 한 그루 한 그루가 애틋한 전설로 오르내리던 시절이었지.

은행나무만 해도 그래. 이 땅에 전해 내려오는 전설 중 대부분이 바로 은행나무와 관련된 것이지. 양평의 용문사라는 절에 있는 천 년 된 은행나무는 그 한 그루에 무수한 전설을 담고서 사람들로부터 애정과 관심을 받아 왔어. 신라시대 의상대사가 꽂은 지팡이였다는 그 은행나무는 천 년이라는 세월 동안 나라에 여러 가지 변고가 있을 때마다 신비한 일을 행했다고 하지. 그렇게 오랜 시간 동안 사람들의 기쁨과 슬픔을 함께한 그 은행나무는 살아 숨 쉬는 모든 시간들이 크고 작은 행복들로 채워졌을 거야.

생각해 보면 옛날에는 이렇게 마음이 담긴 아름다운 전설을 갖고 있는 나무들이 참 많았던 것 같아. 비단 큰 나무뿐만 아니라 작고 하찮은 풀 한 포기까지 어느 하나 사연 없는 게 없었으니까.

시어머니 심술에 굶어 죽은 며느리가 밥풀을 물고 있는 모양새로 다시 태어났다는 '며느리밥풀'부터 시작해서, 사랑하는 님을 떠나 보낸 뒤 바닷가만 하염없이 바라보다 그 자리에서 죽어 붉은 꽃으로 피어났다는 '백일홍', 추운 겨울 큰스님을 기다리다 얼어 죽은 동자승이 다시 태어났다는 '동자꽃'까지 그 이야기도 참 다양하지. 누가 지어 냈는지는 모르지만 그 하나하나엔 맑고 소박한 마음이 고스란히 담겨 있어.

하나같이 애절하면서도 애정이 가득 배어 있는 전설들을 보면 옛날에는 너희 사람들이 우리를 많이 생각했던 것 같다. 사랑과 관심이 없었더라면 아주 작고 볼품없는 꽃에 이르기까지 그런 전설들이 생겨 날 리 없을 테니까.

그런데 아쉽게도 지금에 와서는 더 이상 그런 전설들이 생겨나지 않는 것 같아. 아마도 그것은 사람들이 이제 더 이상 우리 나무들에게 관심을 갖지 않는다는 뜻일 거야.

내가 다른 얘기 하나 더 해 줄까? 유리나가빈이라는 사람이 쓴 《겨울 떡갈나무》란 소설 이야기야.

어떤 한 마을에 안나 바실리예브나라는 선생님이 있었어. 부임한 지 2년밖에 안 되었지만 마을 사람들로부터 칭송이 자자했지. 그러나 그녀에겐 골칫덩이 학생이 한 명 있었어. 지각 단골생 서브시킨이라는 아이. 참다못한 그녀는 어느 날 서브시킨을 교무실로 불러 지각하는 이유를 물었어. 그러자 서브시킨이 대답했지.

"잘 모르겠어요. 저는 매일 한 시간 전에 집에서 나오거든요."

그녀는 서브시킨이 거짓말을 한다고 생각하고 곧바로 서브시킨의 하굣길을 함께 나섰어.

서브시킨은 학교 뒷문에서 시작되는 오솔길로 선생님을 안내했단다. 그 오솔길은 주위가 온통 새하얀 눈으로 덮여 있는 숲속이었어. 사람들 손길이 닿지 않는 그곳엔 새들이 재잘거리면서 나뭇가지를 흔들고 있었고, 들판엔 토끼와 사슴 발자국이 찍혀 있었지.

서브시킨과 함께 그 모든 것을 바라보던 안나 선생님은 숲의 고요 속에 이루어지는 이 모든 것들에 대한 놀라움으로 숨조차 쉴 수 없었단다.

오솔길은 산사나무 주위를 휘돌며 이어져 있었고, 숲은 거기서 두 갈래로 갈라져 있었지. 그리고 그 한가운데 커다란 떡갈나무가 새하얀 옷을 입고 우뚝 서 있었어. 떡갈나무는 머리끝에서 발끝까지 이루 헤아릴 수 없는 작은 거울들로 반짝였는데, 그 맑은 거울 하나하나에 자신의 모습이 비치는 걸 보고 그녀는 나무가 자기를 쳐다보고 있는 듯한 느낌을 받았어.

그런 그녀에게 서브시킨은 나무 밑동을 파 고슴도치를 살짝 보여 주기도 하고, 또 작은 굴 속에서 잠자는 개구리, 투구벌레, 도마뱀, 무당벌레 들을 보여 주기도 했어. 그러는 동안 학교에서 출발한 시간으로부터 한 시간이 훌쩍 지나 버렸지.

그제서야 그녀는 서브시킨에게 말했어.

"멋진 산책을 시켜 줘서 고맙구나. 앞으로 계속 이 길을 통해 학교를 다녀도 좋아."

서브시킨은 그 길을 걸어 다니면서 자연의 신비하고 경이로운 모습들을 접했을 거야. 그리고 그 속에서 자연스럽게 나무에 대한 사랑, 생명을 가진 모든 것들에 대한 사랑을 배웠을 거고. 아마도 안나 선생님은 그것이 학교 수업만큼이나 소중하다고 생각했기에 서브시킨에게 계속 그 길로 걸어 다녀도 좋다고 했겠지.

그런데 있잖아. 이 아름다운 이야기를 들으며 나는 갑자기 지금 내가 뿌리를 내리고 있는 이 세상이 두려워졌어. 우리들에 관한 전설이 사라지는 이 세상이 말이야.

자연스럽게 나무와 멀어진 사람들, 한가롭게 나무와의 추억을 만들 시간이 어디 있냐고 따지는 사람들……. 그런 사람들의 모습 속에서 우리가 살고 있는 이 세상이 갈수록 각박하고 황량해지는 이유를 발견하는 건 나뿐일까.

네게도 서브시킨처럼 나무와 함께했던 어린 시절이 있었을 거야. 그리고 그때의 추억들은 어느 순간 네가 각박해지고 메말라 가는 것을 막아 주는 버팀목이 될 테고.

그런 이유 때문에 나는 전설들이 사라지는 지금의 현실이 참 안타깝고 슬프다. 내가 발붙이고 있는 이 땅에 이름 없는 풀 한 포기, 나무 하나에도 새로운 전설들이 많이 생겨나길 바라는 것은 너무 큰 욕심일까.

편지의 마지막을 부탁으로 끝내는 게 미안하지만 너는 그래도 나의 벗이라고 생각하기에 염치 불구하고 말한다. 너도 알 거야. 서울의 창덕궁 후원 앞 플라타너스들에 아이들 이름이 적힌 명패가 하나씩 달려 있다는 걸 말이야. 적어도 그 나무들은 명패의 주인공에게만큼은 관심과 사랑을 받을 수 있을 거야. 살아가는 동안 그 나무와, 그 나무에게 자신의 이름을 준 아이는 서로를 바라보며 둘만이 공유하는 이야기를 만들어 가겠지. 서로를 친구라고 여기면서.

나는 전설이라는 게 꼭 크고 거창해야만 한다고 생각하지 않아. 다만 우리가 사람들을 늘 바라보며 함께하고 싶어 한다는 걸 조금은 알아줬으면 좋겠어. 그래서 전처럼 사람들이 길을 가다가 나를 보고 그저 한 번쯤 미소 지어 준다면 참 행복할 것 같다.

너를 통해서라도 사람들에게 우리 나무들의 마음이 전해졌으면 하는 바람이야. 너뿐만 아니라 원래 모든 사람들과 친구였던 우리니까.

Chapter 3

나는
나무처럼
살고
싶다

나이를 먹어 간다.
이제는 살 날보다 살아온 날이
더 많은 나이가 되었다.
남은 날들을 무엇으로 채울 겁니까?
누군가 나에게 물어 온다면
나는 이렇게 답할 것이다.
나는 나무처럼 살고 싶다.
꼭 나무처럼만 살고 싶다.

사랑한다면
'연리지'처럼

예전에 라디오 프로에 출연했을 때의 일이다. 출연 요청이 들어온 뒤 콘티를 짜기 위해 담당 작가를 만났는데, 만나자마자 그이가 대뜸 하는 말. 자기 이름이 참 독특한데 무슨 뜻인지 한번 맞춰 보란다. 그이의 이름은 권 연리지連理枝였다.

"나, 연리지 아는데요?"

나무와 관련한 현상을 나무 의사가 모를 턱이 있겠는가. 그이는 자기가 섭외를 안 해서 내가 무슨 일을 하는지 잘 몰랐다며 한참을 미안해했다.

서로 가까이 있는 두 나무가 자라면서 하나로 합쳐지는 현상을 연리連理라고 부르는데, 두 나무의 뿌리가 이어지면 연리근連理根, 서로의 줄기가 이어지면 연리목連理木, 두 나무의 가지가 서로 이어지면 연리지連理枝라고 일컫는다. 연리지 현상이 일어나면 처음에는 그저 가지끼리 맞닿아 있는 것처럼 보이지만, 종국에는 맞닿은 자리가 붙어 한 나무로 변한다. 땅 아래의 뿌리는 둘이면서 지상에 나온 부분은 그렇게 한 몸이 되는 거다. 연리목은 가끔 만날 수 있지만 가지가 붙은 연리지는 매우 희귀하다.

바람에 상처를 입어 속살이 드러났다거나, 아니면 두 줄기가 살짝 맞닿아 있다가 그대로 붙어 버리는 연리지. 그런데 더 신기한 것은 한번 연리지 된 가지는 두 번 다시 떨어지지 않는다는 것이다.

나무 박사 임경빈 선생은 자기 집 뜰에 심은 엄나무 몇 그루를 일부러 연리지를 만들어 키우기도 했다. 나무가 빨리 자랐으면 하는 마음에 나뭇가지들을 엮어 묶어 놓았다나.

어떻게 보면 참 불편할 것도 같은데 나무들에겐 왜 이런 연리지 현상이 일어나는 걸까.

두 나무가 서로 가까이에 뿌리를 내렸다고 생각해 보자. 어느 날 문득 고개를 들어 보니 혼자 자라도 모자랄 공간에 다른 나무가 떡하니 들어와 있다. 그렇게 가까이서 계속 자라다 보면 두 나무 중 한 그루는 결국 죽을 수밖에 없다. 한 나무가 자랄 분량의 영양분과 햇볕을 두 나무가 서로 나눠 갖다 보니 적자생존의 법칙에 따라 약한 놈이 죽게 되는 것이다.

어떨 때는 두 나무가 동시에 병들어 죽기도 한다. 저희끼리 서로 살겠다고 치고받고 싸우다가 결국엔 두 놈 다 병충해를 이겨 내지 못하고 시들어 버린다.

그런데 나무란 놈은 참 현명해서 그렇게 되기 전에 대부분 서로 의기투합한다. 한쪽이 병들어 죽기 전에 서로 붙어 한 몸이 되면 혼자였을 때보다 훨씬 더 거대한 나무로 자라난다. 전화위복이랄까. 몸집이 더 커지다 보니 뻗어 갈 수 있는 가지 수도 늘어나고, 그만큼 병충해 같은 외부의 재해로부터 강해진다.

연리지 현상이 참 신기한 것은 그럼에도 불구하고 합쳐지기 전의 성격과 기질을 고스란히 간직하고 있다는 점이다. 그래서 워낙 흰 꽃을 피웠던 가지엔 흰 꽃이, 붉은 꽃을 피웠던 가지엔 붉은 꽃이 그대로 피어난다.

서로 다른 특성을 지녔으면서도 어떻게 한 몸을 이루어 살수 있는지. 마치 불과 물처럼 제각각인 나무들이 일단 한 몸이 되면 서로의 개성을 인정하고 조화롭게 사는 모습에 절로 탄성이 나온다.

연리지를 보면 사람도 저렇게 살 수 있다면 얼마나 좋을까 하는 생각이 든다. 특히 평생을 함께 살아가야 하는 부부가 나무의 연리지처럼 살 수 있다면 그 삶은 진정 행복할 것이다.

내가 이런 말을 하면 아내는 피식 웃는다. 너무 거창하다나. 다른 부부들은 어떨지 몰라도 우리 부부가 살아왔던 모습은 연리지처럼 고상(?)하지 않다며 타박이다. 그러면서 아내는 내게 말한다. 그저 먹고 살기 위해 정신없이 살다 보니 사십 년이란 세월이 후딱 지나가 버렸다고.

아내로부터 그런 말을 들으면 슬그머니 미안한 마음이 든다. 먹고살기 위해 애쓴 쪽은 나보다는 아내였으니까. 솔직히 말해 나는 지금까지 하기 싫은 일은 단 한 번도 해 본 적이 없다. 아니 못했다. 단적인 예로 남들 다 하는 회사원 생활도 나는 죽기보다 싫어 안 했고 못했다.

그런 내 성향을 어떻게 아셨는지 장인 어른과 장모님은 처음에 우리 두 사람의 결혼을 무척 반대하셨다. 특히 장모님의 홀대는 엄청났다. 홀어머니를 모셔야 한다, 제대로 배우지 못했다, 물려받은 재산이 없다 등등 반대할 이유야 충분했지만, 그 당시에는 장모님이 왜 그리도 야속하던지.

그러나 그렇다고 순순히 물러설 내가 아니었다. 며칠을 고민한 끝에 처가댁 대문 바로 앞에 텐트를 치고 시위를 벌이기 시작했다. 시위 문구는 단 하나, '딸 내놓으시오.'

친구들도 모두 달려와 지원 사격을 하는 통에 텐트 시위는 어느새 그 동네 구경거리가 되었다. 장인 어른과 장모님은 결국 며칠 뒤 백기를 드셨다. "참 자네도 지독하이"라는 말이 전부였지만……. 아내는 그때 이야기를 하면 꼭 그런다. 참 당신다운 행동이었다고.

그렇게 쉽지 않은 결혼을 하고 정말 잘 살아 보겠다고 마음먹었지만 신혼 초 우리의 모습은 더도 덜도 말고 딱 '기찻길 옆 오막살이'였다. 그때 나는 중동에서 벌어 온 돈으로 상계동 근처의 땅을 임대해 원예 작물을 키웠다. 그러나 하고 싶은 일만 하는 제 버릇 남 주랴. 남들은 잘 심지 않는 희귀한 것들만 골라 심었으니 갈수록 적자가 날 수밖에. 기껏 키워 놓으면 꽃 전시회 같은 데서만 주문이 들어오는 정도였다.

결국 3년 만에 완전히 빈털터리가 되었다. 세상에 태어나 처음으로 울었던 때가 바로 그때였다. 이제는 남의 밭이 되어 버린 땅의 흙을 밟는데 어찌나 눈물이 나던지. 내 인생 최초의 위기라면 위기였다. 그 뒤 얼마간 나는 매일 무작정 북한산에 올라갔다. 그런 나를 보는 아내 마음은 얼마나 아팠을까. 하지만 아내는 내색 한번 하는 법이 없었다. 늘 그냥 그렇게 다시 하루

를 맞이할 뿐.

내가 다시 정신을 차려 화원을 시작하고 어느 정도 자리가 잡히자 아내는 내게 이렇게 말했다.

"형편이 어려워 도와주지는 못해요. 하지만 이젠 정말 당신이 하고 싶은 일을 하면서 사세요."

내가 본격적으로 나무를 관찰하고 연구하기 위해 전국 탐방에 나선 건 그때부터였다. 화원 일은 전적으로 아내 몫이었다. 아내가 화원 일로 아등바등할 그 시간에 나는 산으로, 숲으로 나무를 찾아다녔다. 일주일에 사나흘은 밖에서 살았으니 생활의 절반을 집 밖에서 보낸 셈이다.

그렇게 보낸 시간이 어언 10년. 그 10년이 내겐 무척이나 소중한 시간들이었고, 그 시간이 있었기에 지금의 내가 있을 수 있다고 생각한다.

하지만 누가 들으면 나를 무책임한 남편이라고 책망할지도 모른다. 아니 그렇게 책망하는 게 당연하다. 10년이란 짧지 않은 세월 동안 아내 혼자 어려운 살림살이를 도맡아 꾸려야 했으니까.

그러던 어느 날 나는 을지로 2가 내외빌딩에 있는 소나무 돌보는 일을 맡게 되었다. 내 기이한 행보가 소문이 났던지 한 기업으로부터 의뢰가 들어왔고, 나는 나무가 죽어 간다는 말

한마디에 한걸음에 달려갔다.

병이 든 지 수년은 족히 되었을 것 같은 소나무. 남들은 다들 "저 나무는 안 된다"며 헛고생하지 말라고 했지만 3년을 하루같이 돌본 끝에 그 나무를 살려 낼 수 있었다.

그것을 계기로 나는 본격적으로 나무 돌보는 일을 하게 되었다. 그때부터 비로소 나무 의사로서의 업業이 시작된 것이다.

그 후 아내는 화원 일을 그만두었다. 내가 하고 싶은 일을 하면서도 생계를 꾸려 갈 수 있게 되었기 때문이다.

가끔 아내에게 물어볼 때가 있다.

"내가 처음 농사지을 때 말이야. 남들 키우는 것 안 심고 매일 이상한 것만 심었을 때 왜 안 말렸어?"

그러면 아내는 말한다.

"당신이 하는 일이니 그냥 되나 보다 했어요."

그걸로 끝이다. 농사 망하고 10년간의 화원 일이 힘들었을 법도 한데 그 역시 별로 괘념치 않는다는 투다. 그저 하는 말이 이렇다.

"그 덕에 지금은 내가 하고 싶은 거 마음대로 하면서 신나게 살잖아요."

틀린 말은 아니다. 아내는 진작부터 배우고 싶었다는 제빵 기술을 배웠고, 한복 만드는 법도 익혔다. 요즘엔 나보다 더 바쁘게 하루하루를 보내고 있다. 그런 와중에도 1년에 한 번씩은 여행 좀 가자며 나를 조르는 것도 아내의 몫이다. 반평생 밖으로만 다니던 남편 대신 붙박이 노릇을 해 온 게 신기할 정도다.

서로 근본이 다른 둘이 만나서 한 몸을 이루는 것이 결혼이라면 우리는 정말 제대로 만났다. 아내는 아니라며 들은 척도 안 하지만 그래도 나는 우리 두 사람이 서로 합해져 더 완성된 모습을 이루었다고 생각한다.

나무의 연리지 현상을 두고 어떤 사람들은 나무가 자기 스스로를 버리는 약한 모습이라고 말한다. 하지만 정말 그렇다면 연리지를 이룬 나무가 다른 나무들보다 크고 풍성하게 자라는 것을 설명할 길이 없어진다. 연리지 된 나무가 크게 자랄 수 있는 것은 따로 또 같이 그렇게 제 색깔을 유지하면서도, 한 발짝 물러서서 한 몸을 이룰 줄 알기 때문이 아닐까. 나와 내 아내가 이제까지 그래 왔듯 말이다.

그래서 나는 바란다. 지난 40년이 그랬듯 내 남은 삶 또한 아내와 그렇게 살 수 있기를.

문득 어느 커피 광고 문구가 떠오른다. '사랑한다면 카페라

떼처럼' 이었던가. 그렇다면 나무 의사인 나는 이렇게 말할 수 있을 게다.

'사랑한다면 연리지처럼…….'

기다림의
미학

어느 늦가을, 나무 키우는 데 관심이 있는 사람이라며 전화가
왔다. 경기도 양평에다 땅을 산 뒤 나무들을 많이 심었는데 어
찌 된 노릇인지 나무들이 자꾸 죽어 간다고 했다. 서울 살림을
정리하고 내려가서 살 계획인데 모든 게 수포로 돌아가게 생
겼다며 하도 간곡히 부탁하는 통에 그곳을 찾아가 보았다.

그곳엔 숲을 이룰 정도로 많은 나무들이 있었다. 겉에서 보
기엔 멀쩡한데 무슨 문제가 있다는 걸까.

상태를 확인하기 위해 나무들에게 다가서는 순간, 문득 내
눈에 들어오는 게 있었다. 엄청난 크기의 동력 분무기. 이게 뭐

냐고 물어보니 약 치는 데 쓰는 거라고 했다. 나무에 벌레가 든 것 같은데, 대형 분무기 없이는 나무 꼭대기까지 약을 칠 수 없다고 했다. 벌써 일주일째 매일같이 약을 치고 있단다. 갑자기 그가 이곳에 내려와 살려는 이유가 궁금해졌다.

"뭣 때문에 여기 내려와 살려는 거유?"

"자연과 벗하면서 여생을 보내고 싶습니다."

"그런데 농약은 왜 치시오?"

정말 몰라서 묻느냐는 듯 한참을 쳐다보더니 그이가 이렇게 대답했다.

"당장 눈앞에서 나무들이 죽어 가는데 어떻게 두고만 볼 수 있습니까?"

대답해 놓고 조금 무안했던지 이런 말을 덧붙였다. 물론 농약이 땅을 망치고 주변 풀꽃들까지 죽인다는 사실을 알고 있지만 하루하루 병들어 가는 나무들을 그냥 지켜볼 수는 없는 노릇 아니냐며…….

절로 나오는 한숨을 들키지 않게 삼킨 다음, 다시 물었다.

"그래서 효과는 있었수?"

"조금은 좋아지는 것 같더군요. 약을 좀 더 독한 걸 쓰면 어떨까 생각 중입니다."

그럴 생각이면서 나는 왜 찾았느냐고 되묻고 싶었지만 일단

꾹 참았다. 그대로 돌아서면 그 나무들의 운명이 어떻게 될지 뻔했기 때문이다.

나무를 처음 키워 본 사람들은 말한다. 참 마음먹은 대로 안 되는 게 나무 키우는 일이라고. 나무처럼 까다로운 것도 또 없을 거라고.

틀린 말은 아니다. 모르는 사람이 보면 나무는 그저 해를 보고 가만히 서 있는 것처럼 보이지만, 나무도 스트레스를 받으면 꽃을 일찍 피워 버린다거나 극단적으로 자살을 시도하기도 하고, 입맛에 안 맞는 환경을 만나면 좀체 자라려 들지 않는다. 그래서 사람처럼 주사를 맞기도 한다.

참는 것도 하루 이틀이지, 나무의 그런 꼴(?)을 보고 있으면 울화가 치미는 게 당연하다. 게다가 가뜩이나 맘대로 안 돼 속상한데 나무에 벌레가 들고 썩는 모습까지 보게 된다면 그 심정이 오죽하겠는가.

아마 그 사람도 자꾸 병이 들어 가는 나무를 보며 딴엔 조바심도 났을 거고 답답하기도 했을 거다. 그러니 안 좋다는 농약을 쳐서라도 나무를 살리고자 한 게 아닌가.

물론 아주 급할 때야 약을 치지 않을 수 없다. 나만 해도 항상 차 안에 구비하고 다니는 농약이 몇 개 있다. 그러나 그건 어디까지나 임시방편에 지나지 않는다. 한번 농약을 치면 벌레에 내성이 생겨 다음 번엔 그 농약을 써도 듣지 않게 마련이다. 그러면 시간이 지날수록 자꾸 독한 약을 쓰게 되고, 결국엔 나무마저 죽게 된다.

단언컨대 약을 치면 당장의 효과는 기대할 수 있을지 몰라도 십 년 뒤, 이십 년 뒤는 장담할 수가 없다. 내가 그 사람에게 할 수 있는 말은 하나밖에 없었다.

"약을 치고 싶으면 치쇼. 나무야 어찌 되건 상관없이 벌레만 잡을 생각이면."

여전히 약 치는 데 미련이 남는 듯 동력 분무기에 시선을 주던 그 사람은 나무들을 휘 둘러보더니 당신 방법대로 하면 나무들을 살릴 수 있냐고 물었다.

"인내력만 있으면요."

내가 가장 먼저 한 일은 새를 불러들이는 일이었다. 벌레의 가장 큰 천적은 다름 아닌 새다. 새를 이용하면 조금은 시간이 걸리더라도 장기적인 처방이 될 게 분명했다. 그렇다면 어떻게 새를 불러들일 수 있을까.

먼저 새집을 만들어 나뭇가지에 매달기 시작했다. 그 다음 새가 좋아할 만한 먹이를 연구했다. 고민 끝에 생각해 낸 것이 소기름. 가을에서 겨울로 접어들 무렵 새들에게는 지방질이 필요하다. 사람들은 월동 준비로 김장을 하지만, 새들은 기름기가 있는 것을 먹는다. 그래서 우리는 허연 소기름을 새 눈에 잘 띄도록 높은 가지에 매달아 두었다.

그런데 가만 생각해 보니 새만 불러들일 일이 아니었다. 이미 뿌려진 농약 때문에 나무를 중심으로 생태계 질서가 깨진 것은 자명한 일. 약 때문에 죽은 것은 비단 해충뿐이 아니었다. 아무리 새를 불러들인다고 해도 망가진 먹이사슬을 복구하지 않으면 완벽한 벌레 퇴치란 어려운 노릇이었다.

'그렇다면 해충을 잡아먹는 큰 벌레를 불러오자.'

가을 무렵 유기농법으로 자란 볏짚 안에는 거미 알들이 숨어 있다. 그 거미들이 알에서 깨고 나오면 나무의 해충들을 잡아먹을 테고, 한편에선 거미를 주식으로 삼는 다른 곤충들이 나무를 찾을 것이다. 그런 식으로 먹이사슬이 만들어지면 웬만한 병충해는 결코 나무에 깃들지 못하리라.

나는 며칠 걸려 유기농법으로 키운 볏짚을 구해 양평에 옮겨다 놓았다.

거기까지가 내 할 몫이었다. 다만 문제는 생태 질서가 복구되기까지 최소한 이삼 년은 걸린다는 것이다. 결국 나무가 제 모양을 찾는 데도 그만큼의 시간이 소요된다는 말이다. 더구나 그 땅은 이미 농약으로 많이 망가진 상태가 아니던가.

다행히도 나무 주인은 이러한 나무의 성질은 몰랐어도 나무에 대한 애정만큼은 충분한 사람이었다. 마지막으로 나는 그이에게 이렇게 말해 주었다.

"한번 자생력을 갖춘 나무는 누가 와서 억지로 베어 내지 않는 한 절대 병들어 죽지 않소. 다만 그렇게 되기까지 많이 기다려야 하는 게 문제지."

생각해 보면 나무를 아프게 만드는 가장 큰 요인은 사람들의 '조급함'인 것 같다. 조급한 마음에 약도 치고 함부로 가지도 잘라 낸다. 그리고 그냥 두어도 될 나무에 영양제를 놓고, 거름도 듬뿍 안겨 준다.

그러나 그것이 결국 나무를 병들게 만든다. 왜 안 되냐고, 뭐가 문제냐고 조급하게 따지며 이것저것 행할수록 나무는 소리 소문 없이 죽어 간다.

나이가 들다 보니 자꾸만 잔소리가 늘어가지만 정말 이것만큼은 말해 주고 싶다. 나무를 심는 사람은 적어도 10년, 20년을 앞서 생각하고 기다릴 줄 알아야 한다. 설혹 내 대에서 그 결과물을 기대하지 못할지라도, 언젠가 후대에서 이루어질 것을 믿으며 여유롭게 기다릴 줄 알아야 한다.

나무를 대하면서부터 나는 내 안에 있던 조급증이 많이 사라졌다는 걸 느낀다. 나무를 키우는 일이 끊임없는 기다림의

과정이며, 그 안에서 스스로 여유를 찾아야만 가능한 일임을 알기 때문이다.

일분일초를 앞다투며 사는 시대에 기다림을 이야기하는 것이 시대착오적이라 할지 모르지만 나는 꼭 그렇게 생각하지 않는다. 참고 기다리면 되는데, 그 인내심이 없어서 소중한 꿈을 중도에 포기해 버리는 예를 너무도 많이 봐 왔기 때문이다.

더 슬픈 일은 어느 순간부터 기다리고 인내하는 삶이 싫어 아예 꿈조차 꾸지 않는다는 사실이다. 그리고 누군가 옆에서 기다려 보겠노라고, 견뎌 보겠노라고 말하면 인생이란 그런 게 아니라며 하나같이 고개를 젓는다. 정작 자신의 인생이 어떤지도 모른 채 말이다.

그래서일까. 요즘에는 늦은 나이에 몇 년이 걸릴지 모르는 자신의 꿈을 이루기 위해 다시 시작하는 사람들의 이야기가 너무도 특별하게 여겨진다. 만학의 꿈을 이룬 노인의 이야기가 저녁 뉴스 시간에 등장하는 현실이 왜 이렇게 씁쓸하게 느껴지는지.

누군가는 그랬다. 인생은 기다림의 연속이라고. 일어나 걷기를, 학교를 졸업하기를, 취업을 하고 결혼을 하기를, 자식 낳기를, 집을 장만하기를, 안정된 삶을 이루기를, 끊임없이 기다리기만 하다가 한평생을 보내게 된다고 말이다.

그러나 그것은 엄밀하게 말해 기다림이 아니다. 시간적, 물질적인 기다림이 아닌, 마음이 더해지고 정신적인 노력이 들어가지 않는 기다림은 의미가 없다. 아니 그 의미가 오래가지 못한다고 해야 옳겠다.

　나는 가끔 나무를 보며 되뇌인다. 내가 눈앞의 이득만 따지고 있지는 않은지, 잘못된 기다림으로 마음을 허비하고 있지는 않은지, 그저 편한 길만 바라보고 있지는 않은지…….

　임시방편은 말 그대로 임시방편일 뿐이다. 그것으로 삶을 다 채울 수만 있다면 그것도 나쁘진 않겠지만, 그러기에는 인생이 호락호락하지 않다는 걸 이제는 안다.

　나는 오늘도 나무를 치료하며 기다림의 미학을 배운다. 일등은 아닐지라도 마지막 결승선은 내 두 발로 넘고 싶으니까.

죽음을
받아들이는
태도

내가 열아홉 무렵의 일이다. 어느 날 아버지가 조용히 나를 부르셨다.

"종영아, 거기 그러고 있지 말고 칠성판이랑 수의 좀 구해 오너라."

알다시피 사람이 죽으면 칠성판에 눕혀 염을 한 뒤 수의를 입힌다. "누가 돌아가셨나요?" 하고 아버지께 여쭤보고 싶었지만, 왠지 범접할 수 없는 느낌 때문에 나는 아무 말 없이 칠성판과 수의를 구해 왔다.

장의사 집에 부탁해 맞춰 온 칠성판은 생각했던 것보다 무척 작았다. 딱 사람 키만 한 길이에 어깨보다 약간 좁은 너비의 나무판. 거기에 마지막 가는 길에 입는다는 수의는 왜 그리 초라해 보이는지, 꺼슬꺼슬한 삼베 천이 꼭 나무껍질처럼 느껴졌다.

아버지는 내게 가르쳐 줄 게 있다고 하셨다. 그러더니 칠성판에 시신을 눕히는 법부터 시작해서 염하는 법, 수의 입히는 법 등 장례 절차를 하나도 빠짐없이 손수 가르쳐 주셨다.

"종영아, 사람이란 말이다. 다 때가 되면 가는 거야."

죽음을 예감하셨던 걸까. 몇 달 뒤 아버지는 잠드신 채로 편안히 눈을 감으셨다. 그리고 나는 아버지가 가르쳐 주신 대로 사촌형 곁에서 아버지의 시신을 칠성판에 눕히고 염을 한 뒤 수의를 입히는 것을 하나씩 거들었다.

침묵이 흐르는 가운데 그렇게 모든 절차가 끝이 났다. 뒷정리를 하는 사촌형 곁에 서서 나는 가만히 아버지의 얼굴을 바라보았다. 언뜻 아버지의 얼굴에 미소가 스치는 느낌. 넋을 놓고 당신을 바라보는 내게 아버지는 이렇게 말씀하시는 것 같았다.

'슬퍼하지도 말고, 무서워하지도 마라.'

육십 년 인생살이가 지겨워 이젠 다른 세상에서 살고 싶다고 웃으며 말씀하시던 아버지.

결국 아버지에겐 죽음이 삶의 한 일상에 불과했다. 나고 자라고 늙는 것처럼, 죽음도 그렇게 스쳐 지나는 삶의 한 과정이었던 것이다.

그래서일까. 이제 스물도 안 된 어린 아들이 당신 마음을 다 이해할 수 있었을까마는, 나는 아버지의 죽음을 큰 충격 없이 담담하게 받아들일 수 있었다.

그 후 사십칠 년 남짓 살아오면서 나는 나무에게서 언뜻언뜻 그런 아버지의 모습을 본다. 제 수명을 다하면 조용히 삶을 마감하고 흙으로 돌아가는 나무들. 볼품없던 나무도, 크고 장대한 수형을 자랑하던 나무도 죽으면 그렇게 똑같이 흙으로 돌아간다. 새순을 올려 이제 막 삶을 시작하려는 나무들에게 기꺼이 자기 자리를 내주고 자연으로 돌아가는 것이다.

하지만 부끄럽게도 막상 나이를 먹고 보니, 앞으로 남은 시간이 살아온 세월보다 짧다는 걸 느낀 순간부터 삶에 대한 미련이 많아졌다. 막상 죽는다고 생각하니 한 줌 먼지로 사라지는 게 솔직히 두려웠다. 그렇게 정말 흔적도 없이 사라지고 마는 것인가. 인생이 그렇게 덧없는 것이라면 왜 사람들은 살면서 그토록 아등바등 몸부림치는 것인가.

이런 고민이 생긴 후로 늙고 병든 나무를 대할 때면 마치 미

래의 나를 보듯 그렇게 초라해 보이고 안타까웠다. 그래서 자연스럽게 죽도록 내버려 두지 못하고 어떻게든 나무를 살리려고, 그 삶을 연장시키려고 애썼다. 그렇게 해서라도 그들에게 찾아오는 죽음을 막아 주고 싶었다. 그것이 신을 대신하여 내가 해 줄 수 있는 최선의 일이라 다짐하면서 말이다. 물론 그 밑바닥에는 나무 역시 나처럼 죽음이 두려울 거라는 얄팍한 자위가 숨어 있었다.

그러던 어느 날, 나는 늙고 병든 잣나무를 만나게 되었다. 그 나무는 서 있는 것 자체가 신기할 정도로 많이 힘들어 보였다.

습관적으로 끌을 들이댄 순간 머리를 스치는 생각 하나.

'이런 나무를 치료하는 게 과연 잘하는 일일까.'

고개를 들고 찬찬히 나뭇가지를 올려다보았다. 가지 하나하나에서 "이제 그만 가게 놔 줘" 하는 소리가 들리는 듯했다. 수명이 다해 이제 자연으로 돌아가려는 나무를 '치료'라는 명목으로 괴롭히는 게 아닐까. 결국 나는 나무에게 손 한 번 대지 못한 채 돌아설 수밖에 없었다.

하지만 돌아오는 길에 하나의 의문이 끊임없이 나를 괴롭혔다. 그래도 그 나무가 혹시나 더 살고 싶지 않았을까. 내가 할 일을 미루고 온 것은 아닌가…….

그렇게 1년이 지난 뒤 나는 그 나무가 있던 곳을 다시 찾았다. 혹시 죽음의 현장을 맞닥뜨리게 되면 고통스러울 것 같아서 차일피일 미룬 시간이 1년이었다. 조바심치는 마음을 애써 누르며 잣나무가 서 있던 자리에 다가서는 순간, 나는 걸음을 멈출 수밖에 없었다.

늙은 잣나무가 자취를 감춘 그 자리에는 어린 잣나무가 한참 자라고 있었다. 가냘픈 가지마다 연록빛 새순을 올리고 하늘을 향해 줄기를 뻗은 어린 잣나무. 내가 1년 전 늙고 병든 잣나무를 치료했더라면 결코 볼 수 없을 새 생명이었다.

미국의 근본주의자 스콧 니어링은 사람들에게 죽음에 대해 이렇게 말했다고 한다.

"노동력이 없어지면 자연으로 돌아가는 것."

그래서 그는 백 살이 되던 해에 스스로 곡기를 끊고 편안한 죽음을 맞이했다.

결국 죽음이란 끝인 동시에 또 다른 시작인 것이다. 자연의 품 안으로 돌아가 다른 형태의 삶을 시작하는…….

아마도 어린 잣나무가 자라는 그 어딘가에는 흙으로 돌아간 늙은 잣나무의 양분이 숨어 있으리라.

"야, 백만 원 쉽게 버는 법 알려 줄까."

재작년쯤인가 친구들과 술을 먹다가 불쑥 이런 말을 꺼냈다. 친구들은 백만 원이라는 말에 눈이 휘둥그레져서는 뭐냐고 물었다. 나는 술잔을 단숨에 들이키고 이렇게 말했다.

"내가 죽거들랑 점봉산에 내 뼛가루 좀 뿌려다오. 수고한 대가로 백만 원 줄 테니 그 돈으로 동해 바닷가에 가서 맛있는 회 사 먹고. 어때 좋지?"

원래 내가 엉뚱하다는 것을 알고 있어 웬만한 말은 농담으로 넘겨 버리던 친구들이었다. 하지만 이번만은 아무도 쉽게 그러마 약속하지 못하고 술만 들이켰다.

"이 나쁜 녀석들, 백만 원으로는 안 되겠냐? 그럼 얼마나 더 주리?"

여전히 농담하는 나를 보며, 어느 놈인가 눈살을 찌푸린다. 나도 안다. 왜 그 마음을 모르겠는가. 하지만 어차피 죽을 거라면 지금부터 그 준비를 하고 싶다. 남은 삶에 순리대로 최선을 다하고 목숨을 다하면 정말 나무처럼 고스란히 흙으로 돌아가고 싶은 것이다. 그리고 또 다른 시작을 위해 떠난 나를 내 오랜 친구들이 진심으로 축하해 주었으면 좋겠다. 묘 같은 데 누워 봐야 괜히 나무와 같은 다른 생명들이 자랄 자리만 빼앗는 것 같아 마음이 불편할 것 같다.

그래서 나는 십오 년 전 아버지를 완전히 흙으로 돌려보냈다. 아버지의 묘를 선산에 마련하고 삼십오 년이 지난 어느 날에 파묘를 한 것이다. 그 정도의 세월이면 영혼도 육체를 떠났을 테니 시신을 화장하여 오롯이 자연으로 보내 드려도 문제가 되지 않을 것이라고 생각했다. 파묘한 뒤 아버지의 묘가 있던 자리에는 살구나무를 심었다. 누군가 내게 천인공노할 놈이라 욕할지 모르겠지만 개의치 않으련다. 아버지도 분명 그것을 원했을 거라고 확신하기 때문이다.

　이제는 제법 튼실한 열매를 맺는 살구나무를 보며 나는 소원한다. 나 역시 점봉산 산자락에 뿌려지기를, 그래서 내 뼛가루가 양분이 되어 어느 이름 모를 싹이 새 생명을 피워 올릴 수 있기를……. 만약 그럴 수만 있다면 그보다 더한 기쁨이 어디 있겠는가.

함께 있되
거리를 두라

"이번엔 이틀 밤 자고 올 거야."

"알았어요."

행선지도, 무슨 일로 가는지도 묻지 않는다. 너무도 무심히 대꾸하는 목소리에 신발을 신다 말고 아내 얼굴을 물끄러미 쳐다보았다.

"왜요?"

"아니 그냥……."

이젠 아내가 내 얼굴을 빤히 쳐다본다. 새삼스럽게 왜 그러냐는 표정이다.

그렇다. 40년 동안 매일 아침 인사는 이랬다. 길 떠나는 남편에게 어디 가느냐고 한마디 묻는 법이 없다. 다녀오마라는 말에 알았다는 대꾸가 전부다.

남들이 보면 부부 사이에 무슨 문제가 있나 의심의 눈초리를 보낼 만도 하다. 하지만 우리 부부는 열여섯 살 되던 해에 만나 11년 연애를 거쳐 결혼에 골인한, 서로가 첫 연애 상대이자 마지막 사랑인 사이다. 버스 안에서 아내를 처음 보았을 때 내 마음엔 이 한 마디뿐이었다.

'이 사람이다.'

마법에라도 걸린 듯 뒤를 쫓아가 무작정 말을 걸었는데 아내도 나와 다른 마음은 아니었나 보다. 웬 멀대 같은 녀석이 와서 "네가 좋아 쫓아왔다"고 하는데도 그저 웃기만 했으니…….

그 후로도 11년. 연애를 했다기 보다는 서로 바라보며 자랐다고 해야 옳을 것이다. 서로를 거울 삼아 그렇게 마주보는 사이 어느덧 우리 두 사람은 서로 비슷해졌다. 생각하는 것, 바라보는 것, 추구하는 것이 닮아 갔다고 해야 할까.

누구는 연애가 너무 길어 결혼 생활이 별반 재미없을 거라며 놀리지만 나는 오히려 그게 참 다행이라고 생각한다. 책임감 있는 가장의 모습이라고는 찾아볼 수 없던 나를 오랜 기간 함께한 내 아내가 아니면 그 누가 이해하고 받아들여 주었겠는가. 이제는 주름살이 보이는 아내가 지금도 변함없이 아름답게 느껴지는 이유는 바로 이 때문이다.

여기에 한 가지 더, 우리 부부가 사십 년 남짓한 결혼 생활을 한결같이 유지해 올 수 있었던 결정적인 비결이 있다. 이름하여 '놓아 주기'.

결혼 초 아내는 새벽에 나가 한밤중에 들어오는 건 물론이고, 아무 말도 없이 며칠씩 집을 비우는 내게 잘 적응하지 못했다. 그런 아내를 이해 못 하는 바는 아니지만, 나면서부터 어디에 얽매여 살아 본 적이 없는 내가 하루아침에 달라질 수 있겠는가.

물론 노력을 전혀 안 한 것은 아니다. 처음에는 일부러 멀리 가는 일을 줄이고 길을 나섰다가도 시계부터 확인했는데, 노력하면 할수록 화가 나고 답답해지기만 했다. 나쁜 짓을 하는 것도 아닌데, 그저 산과 들의 나무를 보러 다니는 것뿐인데 왜 이렇게 얽매여 살아야 하는 건가.

내 생활을 하나 둘씩 구속하려는 아내와 이를 어떻게든 피해 갈 궁리만 하는 나. 한동안의 실랑이 끝에 내가 내린 결론은 '안 부딪치는 게 상책'. 결국 나는 점점 더 집 밖으로 돌게 되었고, 외박을 하는 횟수도 늘었다. 처음에는 일 때문이었지만 나중에는 일부러 핑곗거리를 만들기에 이르렀다.

그렇게 얼마나 흘렀을까. 어느 순간부터인가 아내는 내가 어디를 가건, 또 언제 들어오건 일체 신경을 쓰지 않았다. 일부러 그렇게 마음을 먹은 것처럼.

그런데 그때부터 참 신기한 일이 벌어졌다. 아내의 태도가 변한 바로 그 순간부터 오히려 내 생활이 부자유스러워진 것이다. 이른 아침 현관문을 나서면 몇 시간이 채 지나지 않아 집 생각이 났다. 아웅다웅 싸우던 아내 모습도 자꾸 눈에 밟혔다. 집을 나섰다가도 얼른 일을 마치고 돌아와 슬그머니 현관문을 두드리길 며칠. 아내가 먼저 말을 꺼냈다.

"괜찮으니까 볼일 봐요. 일 때문인 거 이젠 이해해요."

아내의 목소리에는 단호함이 묻어 있었다. 나름대로 많은 생각을 한 끝에 뭔가 결론을 내린 모양이었다. 바라던 바인데 이상하게 마음이 편치 않고 섭섭했다. 그렇게 한동안 어색한 시간들이 흘러갔다. 쭈뼛거리며 들어오는 남편과 왜 이렇게 일찍 들어오느냐고 오히려 되묻는 아내. 전세가 역전되어도 한참 역전된 꼴이었다.

그렇게 같은 일이 반복되는 동안 한 가지 생각나는 게 있었다. 바로 어린 시절 나를 키우던 어머니의 모습이었다. 나는 사춘기 때 무척 반항이 심했다. 어린 나이에 술도 마시고 산에 들

어가 외박도 하며 집 밖을 떠돌았다. 그런 덕택에 누님들은 나를 보면 으레 잔소리였다.

"넌 술 마시는 게 지긋지긋하지도 않니?"

물론 나중에는 그런 말을 반복하는 것조차 지쳤는지 아무 말도 하지 않았지만.

그러나 유독 어머니만큼은 내게 단 한 번도 이렇다 할 말씀을 하신 적이 없었다. 그저 밤늦게 집에 돌아오면 "배고프냐?" 하며 밥상을 차려 주시는 게 전부였다.

그런데 신기한 것은 그렇게 오랜 세월을 방황하면서도 정말 큰 말썽은 한 번도 일으킨 적이 없다는 것이다. 생각해 보면 그것은 오로지 어머니의 힘이었다. 그냥 나를 믿고 내버려 두는 어머니. 어머니의 강한 믿음은 늘 어디로 튈지 모르는 나를 지켜 주는 구심점이 되어 주었다. 어머니는 내가 오랜 방황을 끝내고 돌아왔을 때도, 항상 그랬듯 따뜻한 밥상을 내오셨다. 이번에도 아무 말 없이 말이다.

그런 어머니의 모습과 아내의 모습이 서로 많이 닮은 것은 우연일까. 아마도 두 여인은 아들을, 남편을 대하며 사랑이라는 공통 분모하에 서로 비슷한 방법을 터득한 것이리라.

사람들은 말한다. 사람 사이에 느껴지는 거리가 싫다고. 하지만 나는 사람과 사람 사이에도 적당한 간격이 필요하다고 생각한다. 사람에게는 저마다 오로지 혼자 가꾸어야 할 자기 세계가 있기 때문이다. 또한 떨어져 있어서 빈 채로 있는 그 여백으로 인해 서로 애틋하게 그리워할 수 있게 된다.

구속하듯 구속하지 않는 것, 그것을 위해 서로 그리울 정도의 간격을 유지하는 일은 정말 사랑하는 사이일수록 꼭 필요하다. 너무 가까이 다가가서 상처 주지 않는, 그러면서도 서로의 존재를 늘 느끼고 바라볼 수 있는 그 정도의 간격을 유지하는 지혜가 필요한 것이다.

나무가 살아가는 데 있어서도 서로 간에 간격을 유지하는 일은 너무나 절실하다. 나무 두 그루가 너무 가깝게 붙어 있으면 그 나무들은 서로 경쟁하며 위로만 치닫게 된다. 조금이라도 높이 자라 햇볕을 더 많이 받기 위해서다.

그러나 이런 경쟁은 결국 서로를 망치는 길밖에 되지 않는다. 가지를 뻗고 잎을 내어 몸체 구석구석을 튼튼히 다져야 할 시기에, 위로만 자라다 보니 비정상적으로 몸통이 가늘어지기 때문이다. 그런 나무들은 나중에 약한 비바람에도 맥없이 쓰러지며, 그렇지 않더라도 비정상적인 수형을 감당하지 못해 결국 죽을 운명에 처하게 된다.

나는 나무들이 올곧게 잘 자라는 데 필요한 이 간격을 '그리움의 간격'이라고 부른다. 서로의 체온을 느끼고 바라볼 수 있지만 절대 간섭하거나 구속할 수 없는 거리. 그래서 서로 그리워할 수밖에 없는 거리…….

《어린 왕자》에는 외로움에 지친 어린 왕자와 여우가 서로 친구가 되는 과정이 나온다. 두 사람 모두 다독여 줄 누군가가 절실하게 필요한 상태지만 서로에게 급하게 다가서지 않는다. 네가 필요하다고, 곁에 있어 달라고 자기 감정을 그대로 드러내지도 않는다.

그저 일정한 거리를 두고 서로 인사를 하고 약속을 하며, 서서히 서로에게 길들여질 뿐이다. 원하는 마음은 그대로 남겨 둔 채, 적당히 떨어져서 서로를 느끼고 이해하는 것이다. 여우가 어린 왕자에게 던진 한마디.

"네가 4시에 온다면 나는 3시부터 행복해질 거야."

그리움의 간격은 결국 행복의 간격이 아닐까. 애달프고 안타깝지만 어느덧 마음 깊은 곳에서 잔잔한 행복이 배어 나오기 시작한다. 스스로도 느끼지 못하는 사이에 말이다. 그래서일까. 둘이서 보낸 시간이 사십여 년을 넘긴 지금, 나는 나무와 나무 사이의 거리처럼 아내와 나 사이의 거리가 좋다. 묻거나 확인하지 않고도 서로의 마음을 느낄 수 있는 그 거리가…….

휴식이
필요한 순간

기원전 213년 진나라 시황제는 책들을 반체제적인 위험물로 간주했다. 책을 읽는 것은 국가의 안전을 침해하는 행위, 똑똑한 자는 국가의 적 제1호가 되는 셈이었다. 확실한 전제 군주가 되기 위해 누구도 똑똑해져서는 안 될 일이었다. 생각하는 자는 누구나 황제에게 역심을 품게 마련이라는 것이 법가法家들의 주장이었다.

그러면 사람들이 '생각'하는 것을 막으려면 어떻게 해야 할까? 사람들을 일에만 몰두하게 만들어야 한다. 누구에게도 쉴틈을 주어서는 안 된다. 휴식은 반성을 낳고, 반성은 곧 반란으로 이어지기 때문이다.

만약에 시황제가 지금 살아 있다면 아예 그런 조치를 취할 필요조차 없었을 것이다. 이제는 책을 읽는 것, 휴식을 하며 그 안에서 의미를 찾는 것이 한가로운 사람이나 부릴 수 있는 사치로 통하는 시대에 살고 있기 때문이다. 그들의 주장대로라면 우리는 매사 지혜로운 척 살면서도 실상은 그 반대의 길로 치닫고 있는 게 아닐는지.

주변 사람들은 나에게 '거꾸로 사는 남자'란다. 만날 나무나 풀 얘기만 하면서 여유를 부리는 모습이 — 혹자는 지극히 게으른 모습이라고 얘기하기도 한다 — 부럽다나. 실은 그 '여유'가 먹고살기에 찌들지 않을 정도로만 돈을 벌겠다고 마음먹어서 얻어진 것인데 말이다. 어쨌든 사람들은 얘기한다. 자기들도 나처럼 그럴 수 있으면 참 좋겠는데 시간이 너무 없다고.

시간이 왜 없느냐고 물으면 한 대 얻어맞은 듯한 표정으로 나에게 되묻는다.

"그걸 말이라고 하냐?"

왜 그럴까. 정말 나는 그 이유를 알고 싶어서 물은 것인데. 내가 계속 포기하지 않고 물으면 그제서야 마뜩잖게 말한다. 그냥 사는 게 너무 바쁘다고. 매일 쳇바퀴 도는 일상인데도 왜 그렇게 할 일이 많은지 모르겠다고.

나는 그런 사람을 보고 있으면 '포화 상태'라는 말이 떠오른다. 손에 잔뜩 쥔 채 하나도 놓지 않으려 하고, 남보다 먼저 어딘가에 도달하기 위해 앞만 보고 뛰어가는 사람들. 그들을 보고 있노라면 내가 다 숨이 가쁘다. 그리고 그들에게서 왠지 고무 타는 냄새가 느껴진다. 과하게 기계를 돌릴 때 풍기는 고약스런 냄새 말이다.

그해 가을이 다습게 익어 가도
우리 집 감나무는 허전했다
이웃집엔 발갛게 익은 감들이
가지가 휘어질 듯 탐스러운데

학교에서 돌아온 허기진 나는
밭일하는 어머님을 찾아가 징징거렸다
왜 우리 감나무만 감이 안 열린당가

응 해거리하는 중이란다
감나무도 산 목숨이어서
작년에 뿌리가 너무 힘을 많이 써부러서
올해는 꽃도 열매도 피우지 않고

시방 뿌리 힘을 키우는 중이란다

해거리할 땐 위를 쳐다보지 말고

밭 아래를 지켜봐야 하는 법이란다

그해 가을이 다 가도록 나는

위를 쳐다보며 더는 징징대지 않았다

땅속의 뿌리가 들으라고 나무 밑에 엎드려서

나무야 심내라 나무야 심내라

땅심아 들어라 땅심아 들어라

배고픈 만큼 소리치곤 했다

– 박노해, 〈해거리〉 중에서

나무를 표현함에 있어 흔히 '정중동靜中動'이라는 말을 쓴다. 겉으론 움직임 하나 없이 고요하지만 안으로는 끊임없이 무언가를 행한다는 말이다.

맞다. 겉으로는 아무것도 안 하고 그저 서 있는 것처럼 보이지만 나무는 세상 그 누구보다 바쁘게 쉼 없이 움직인다. 사시사철 햇볕을 받아 잎에서 영양분을 만들어 낸 다음, 그것을 부지런히 뿌리와 몸통 여기저기에 운반하고, 뿌리로부터 다시 물을 받아 이를 가지 끝까지 옮긴다. 가까이 가서 보면 나무의 거친 숨소리가 들리는 듯하다.

그렇게 1년 내내 열심히 살면서 나무는 꽃을 피우고 열매를 맺는 것으로 한 해를 마무리한다. 사실 나무가 사는 목적은 열매를 만들어 내기 위한 것이라고 해도 과언이 아니다. 나무의 사는 모습을 보면 그 모든 것이 오로지 꽃을 피워 열매를 맺는 것에 초점을 두고 있기 때문이다.

그러나 이 나무란 놈에게는 한 가지 엉뚱한 구석이 있다. 어느 해가 되면 갑자기 열매 맺기를 포기해 버리는 것이다. 병충해를 입은 것도 아니고, 토양이 나빠진 것도 아닌데 꼭 삐친 사람처럼 꽃도 제대로 안 피우고 열매 맺는 것도 영 시원찮다. 실한 열매를 기대하고 가을을 기다렸던 사람들은 이런 나무의 모습에 그만 맥이 빠지고 만다.

나무가 열매 맺기를 거부하는 것. 이를 가리켜 '해거리'라고 한다. 말 그대로 열매를 맺지 않고 해를 거른다는 뜻이다. 어느 해에 열매를 너무 많이 맺고 나면, 다음 해 가을에는 어김없이 빈 가지만 덩그러니 남아 있다.

왜 그럴까. 이유는 단순하다. 살아남기 위해서다.

큰 열매 하나를 맺는 데는 최소한 수십 개의 잎사귀에 해당하는 영양분이 필요하다. 광합성 등 나무의 모든 생명 활동이

잎에서 이루어진다고 볼 때, 잎을 희생한 열매의 가치는 다른 것과 비교할 게 못 된다. 나무에게 열매는 최고의 재산인 것이다.

그러나 여러 해에 걸쳐 열매 맺는 데만 온 힘을 다 쏟으면 어떻게 될까. 해를 거듭할수록 나무 안의 자생력은 사라지고 점차 기력을 다하게 된다. 삶을 유지할 수 있는 기본 바탕이 무너지게 되는 것이다. 그렇게 나무의 상태가 계속 나빠져 어느 순간 한계치에 달했을 때 나무가 또다시 열매를 맺으면 그 나무는 그해를 넘기지 못할 것이다.

그래서 나무는 해거리를 통해 한 해 동안 열매 맺기를 과감히 포기한다. 그리고 해거리 동안 모든 에너지 활동의 속도를 늦추면서 오로지 재충전하는 데만 온 신경을 기울인다. 그동안 물과 영양분을 과도하게 옮기느라 망가져 버린 기관들을 추스르고, 헐거워진 뿌리를 단단히 엮으며, 말라비틀어진 가지들을 곧추세운다.

그 어떤 생산 활동도 하지 않고 전원 스위치를 내린 나무가 해거리에 하는 게 있다면 오직 하나 '휴식'이다. 옆 나무가 열매를 맺건 말건 개의치 않고 쉴 때는 정말 확실하게 쉬기만 한다. 그리고 1년간의 긴 휴식이 끝난 다음 해에 나무는 그 어느 때보다 풍성하고 실한 열매를 맺는다.

때가 되면 모든 걸 다 접고 해거리를 통해 과감하게 휴식을 취할 줄 아는 나무. 일부 식물학자들이 나무가 세상에서 가장 진화한 존재라고 주장하는 것도 충분히 이해가 간다. 사람도 하기 어려운 일을 나무들은 하나같이 당연하게 행하고 있으니 말이다.

사람 역시 살아 있는 생명체이므로 휴식 없이는 제대로 살 수 없다. 수천 년 전 시황제가 왜 사람들의 휴식을 금했는지는 한번 되짚어 볼 일이다.

삶에서 진정한 휴식은 흔히 생각하듯 놀고먹는 게 아니다. 삶에 대해 반성하고 더 큰 도약을 위해 에너지를 충전하는 것, 그것이 바로 진정한 휴식이다.

한번 조용히 눈을 감고 자신에게 물어보자. 지금 내게 가장 필요한 게 무엇인지……. 그것은 지금 우리의 삶이 바쁘고 숨 가쁘기에 더욱 필요한 일이다.

쉴 시간이 필요하다고 느끼면 만들어라. 일을 배우고 익히 듯, 쉬는 것도 배우고 익힐 노릇이다. 나무는 오늘도 나에게 조용히 가르쳐 준다. 휴식은 다른 모든 것을 포기하고서라도 얻어야 할 삶의 중요한 자양분임을.

버려야만
더 큰 것을
얻는다

솔직히 말해서 나는 그리 사교적인 성격이 못 된다. 그러다 보니 낯도 많이 가리는 편이고 처음 만나는 사람 앞에선 뻣뻣하게 굳어 버리기 일쑤다. 하지만 단 한 가지 예외적인 상황이 있다. 바로 나무를 좋아하는 사람을 만났을 때다. 나무를 좋아하는 사람을 만나면 나이에 상관없이 금세 친구가 된다. 그래서 내 친구 중에는 팔십 세가 넘은 할아버지도, 스물다섯 먹은 청년도 있다. 나는 그들과 만나 이야기 나누는 것이 정말 좋다. 생각해 보면 이 성격에 그나마 나무 덕분으로 좋은 사람들을 많이 알게 된 것 같다.

따지고 보면 리영광 할아버지를 만난 것도 나무 덕분이었다. 이십여 년 전쯤 나무 학교를 운영하고 있는데 한 할아버지가 불쑥 나를 찾아왔다. 자신은 강원도 정선 산골에 살고 있고, 나무 키우는 데 관심이 많은데 나무에 대해 많이 아는 사람이 있다길래 물어물어 왔단다.

나무를 사랑하는 마음으로 그 먼 길을 한달음에 달려온 그는 알고 보니 북한에서 태어나 우리나라에 귀순한 사람이었다. 그가 귀순한 이유는 딱 한 가지. 세계 여행을 마음대로 하고 싶다는 꿈 때문이었다. 하지만 그 꿈은 귀순한 순간 산산조각이 나고 말았다. 그때만 해도 국가보안법상 귀순자는 외국 여행이 불가능했던 것이다.

그 뒤 어느 날 그의 초청으로 정선 깊은 산골짜기에 있는 그의 집에 놀러 갔는데, 담벼락에 세계 전도가 걸려 있었다. 오죽한이 되었으면 세계 전도를 담벼락에 붙여 놨을까 싶었는데, 그는 뜻밖의 말을 꺼냈다.

"이렇게 매일같이 세계를 구경하는데 내가 뭘 더 바라겠나."

그 속에 한이나 미련 따위는 없었다. 오히려 그는 세계 여행의 꿈을 깨끗이 포기함으로써 자유를 얻은 듯했다. 또한 정선 산골짜기에서 더 큰 세계를 얻은 기쁨으로 충만한 삶을 보내고 있었다. 그 순간 그에게서 나무 냄새가 느껴졌다.

나무란 놈이 그렇다. 이른 봄부터 여름까지 나무는 정성 들여 새순을 올리고 잎을 만들어 낸다. 한여름의 나무를 보면 그간의 노력을 단박에 알 수 있다. 위에서 내려다 보면 겹치는 부분 하나 없이 모든 이파리들이 정교하게 제 위치를 찾아 그 본연의 녹색 빛을 뿜내고 있다.

그런데 나무는 그렇게 애쓰며 만들어 낸 잎들을 겨울이 오기 전에 모질게 끊어 버린다. 가을이 깊어 가면 언제 그랬냐는 듯 순식간에 영양분을 거둬들인 다음 떨켜층을 만들어 후두둑 이파리들을 떨궈 버리는 것이다.

찬 바람이 불기 시작하면 사람도 견디기 힘들지만, 나무는 더더욱 그렇다. 가을에는 햇볕이 여름에 비해 턱없이 부족하고, 뿌리를 통해 공급 받는 수분의 양도 절반 이하로 줄어든다. 그러므로 다음 해를 기약하기 위해선 그동안 모아 놓은 에너지를 아주 조금씩만 쓰면서 추운 계절을 견뎌 내야만 한다.

그러기 위해서는 그나마 남아 있는 수분을 증산시키는 잎들을 모질게 떨어뜨리는 것 외엔 방법이 없다. 다시 말해 나무가 잎을 떨구는 것은 추운 겨울을 이겨 내고 다시 새롭게 봄을 맞이하기 위해서다.

그 결과물이 바로 늦가을에 우리 눈에 보이는 형형색색의 아름다운 낙엽들이다. 연인들은 낙엽이 쌓인 길 위에서 사랑을 속삭이고, 어린 아이들은 그 위를 뒹굴며 까르르 웃어 대지만 사실 나무에게 낙엽은 안타까운 포기 후에 흘리는 눈물과 같다.

그렇게 온몸의 잎들을 떨군 뒤 나무는 매서운 바람이 부는 겨울을 가지만 있는 앙상한 알몸으로 견딘다. 마음껏 햇볕을 받고, 물도 제 양껏 끌어올려 더 큰 나무가 될 봄을 참고 기다리는 것이다.

나무는 그렇게 제 살을 깎아 내는 고통을 감내하면서도 잎들에 대해 미련을 두지 않는다. 아무런 회의 없이 과감히 잎을 내친다. 그들은 알고 있다. 그렇게 하지 않고서는 새롭게 다시 태어날 수 있는 봄이 오지 않는다는 사실을.

생각해 보면 인간이란 존재는 나무와 견주어 볼 때 버리는 것을 참 못한다. 빈손으로 왔다가 빈손으로 가는 것이 인생살이라는데, 이상하게도 사람들은 한번 손에 쥔 것은 절대로 놓을 줄을 모른다.

손쉬운 예로 이사할 때만 해도 그렇다. 남들이 보면 버릴 것이 하나 가득인데 주인은 나중에 꼭 쓸 데가 있을 거라며 가져가기를 고집한다. 가진 것 때문에 고통을 받더라도 버리면 후회할 것이라는 생각 때문에 무리하게 많은 것들을 움켜쥐고

사는 것. 아마도 그것은 우리들 대부분의 삶의 모습일 것이다.

이렇게 말하다 보니 꼭 나라는 사람이 버릴 것은 미련 없이 버리는 현명한 사람 같은데 사실은 그렇지 않다. 나 또한 버리지 못해 소중한 젊은 날들을 허송세월해야만 했다.

내 어릴 적 꿈은 천문학자였다. 그런 꿈을 꾸게 된 것은 중학교 일 학년 때 시작한 신문 배달 때문이었다. 집안 형편이 힘들었던 탓에 밥 세 끼 제대로 먹는 것도 어려웠던 시절이었다. 그런데 그때 나는 호떡이 너무 먹고 싶었다. 돈은 없는데 먹고는 싶어 호떡을 파는 포장마차 주위를 끊임없이 맴돌았다. 그런 내가 딱해 보였던지 어느 날 호떡 장수가 나를 부르더니 뜬금없이 신문 배달을 할 생각이 없냐고 물었다. 신문을 배달하면 홍보용으로 한두 부씩 여유가 생기는데 그걸 자기에게 주면 매일 호떡을 주겠단다.

그렇게 얼떨결에 시작한 신문 배달은 생각보다 만만한 일이 아니었다. 그때만 해도 집들이 산을 끼고 있는 경우가 많았는데, 깜깜한 밤에 산 고개를 넘으려니 그렇게 무서울 수가 없었다. "하나 둘 셋 넷⋯⋯" 하며 달음박질하기를 며칠.

어느 날 숨이 턱까지 차올라 하늘을 쳐다봤는데 밤하늘에 무수한 별들이 금방이라도 쏟아질 듯 박혀 있는 게 눈에 들어왔다. 한밤중에 수많은 별과 맞닥뜨린 건 그때가 처음이었다.

평소 같으면야 그 신비로움에 찬사라도 보냈을 테지만 어린 소년에게는 생경한 것에 대한 두려움이 더 컸다. 두려움에 떨며 앞만 보고 뛰기를 며칠. 어느 날엔가 불현듯 걸음이 멈춰졌다. 그리고는 고개 중턱에 서서 별들을 가만히 쳐다보았다. 저만치 떨어져 있는 별들을 내가 왜 무서워할까. 편안히 마음을 먹고 찬찬히 하늘을 살펴보았다. 처음에 무섭기만 하던 별들이 그 순간 너무도 아름답고 신비롭게 느껴졌다.

그때부터였다. 밤하늘의 별들은 늘상 수줍어 외로워하던 내게 가장 친한 친구가 되었다. 나는 어느새 북두칠성, 사자자리, 카시오페이아자리를 단박에 찾을 수 있게 되었고, 별들과 더 가까워지고 싶은 마음에 책도 읽고 선생님께 궁금한 걸 여쭤보기도 했다.

지금 내가 보고 있는 별들이 수천 년 전의 모습이고, 이미 그 별이 없어졌을 수도 있다는 것 등 별에 대한 신비한 사실들을 하나둘씩 알아 가면서 나는 자연스럽게 천문학자를 꿈꾸게 되었다. 그렇게 우주를 향한 내 꿈은 하루가 다르게 커져만 갔고 나중에는 직접 천체망원경을 만들어 행성을 관찰할 정도가 되었다.

그러나 태어나 처음 가졌던 꿈, 그래서 더 순수했던 그 꿈은 이 년이 못 가 산산조각이 나 버렸다. 3학년 진급을 앞두고 천문학을 공부하겠다는 생각에 이공 계열을 지원했는데, 신체 검사 결과 뜻밖에 색약이라는 판정을 받았던 것이다.

다른 이유가 있어서도 아니고 단지 색약이기 때문에 이공 계열을 지원할 수 없단다. 그것은 내게 별에 대한 꿈을 접으라는 통고장과도 같았다. 어린 마음에 나는 도저히 그 사실을 받아들일 수 없었다. 내가 뭔가를 잘못해서, 부족한 게 있어서 그런 것이라면 납득할 수 있겠지만, 그런 신체적 결함은 내 잘못이 아니지 않은가.

나는 그 뒤 공부를 포기해 버렸다. 직접 만든 망원경도 내 손으로 부숴 버렸다. 그리고 그렇게도 좋아하던 하늘도 더 이상 보지 않았다. 술과 담배를 배운 것도 그때, 솔직히 나는 거기서 내 인생이 끝났다고 생각했다. 천문학자가 되지 못한다는 억울함은 그만큼 컸고, 그 억울함을 버리지 못해 오랫동안 방황하며 힘든 나날을 보냈다. 그때는 몰랐었다. 그것이 단지 떨쳐 버려야 할 것에 대한 내 집착이라는 사실을, 바꿀 수 없는 현실일수록 과감히 인정해야 한다는 사실을 말이다.

결국 나는 그 대가로 소중한 젊은 날을 반납해야만 했다. 그것이 집착인 줄 알고 미련 없이 버렸더라면 꿈을 포기하는 아픔은 남았을지언정, 의미 없는 날들을 보냈다는 후회는 없었을 텐데. 그리고 내 젊은 날들이 더욱더 새롭고 가능성 있는 다른 무언가로 채워졌을 텐데…….

버리는 것의 고통은 분명 크다. 버리기 이전에, 어떤 것을 버리고 어떤 것을 취해야 할지 판단하는 것부터가 힘이 든다. 내 삶에 그다지 중요한 게 아니더라도 막상 포기하려면 다시 보게 되는 게 사람 마음이기 때문이다. 하지만 그것이 집착해 봐야 소용없는 일이라면, 그래서 어차피 버려야 할 것이라면, 버리는 순간만큼은 나무처럼 모질고 냉정해야 한다. 그렇게 어떤 미련도 남지 않았을 때, 겨울을 넘긴 봄 나무가 그러하듯 비로소 나 자신을 더 크고 풍성하게 키워 갈 수 있다. 버리고 비워 내는 만큼 비로소 다른 무언가를 받아들일 준비가 이뤄지기 때문이다.

하지만 이 사실을 말하고 있는 나 역시 아직도 삶 곳곳에 미련이나 집착이 많은 것 같다. 아직도 추운 겨울을 잎 하나 없이 쓸쓸하게 견디고 있는 나무를 보면 마음이 무거우니 말이다. 비워 내고 또 비워 내기 위해 끊임없이 노력하고 있건만, 여전히 어리석은 그 옛날의 잔재가 남아 있다.

비록 미련도 많고 그만큼 후회도 많은 삶일지언정 그래도 지금의 내가 자신할 수 있는 게 하나 있다. 이제 나는 하늘을 당당하게 볼 수 있다. 왜냐하면 가슴 아프게 하늘의 별을 잃은 대신 땅의 별을 얻었고, 그로 인해 한때 뒷걸음질쳤던 내 삶이 제 궤도를 찾았기 때문이다.

내 안에 미련이나 집착이 새록새록 생겨날 때마다 밤하늘의 별을 올려다보련다. 그래서 포기하는 삶이, 과감히 버릴 줄 아는 삶이 때론 가장 아름답다는 사실을 곱씹어 보련다.

나무에게서
배운
육아의 지혜

30여 년 전의 일이다.

"나 이 집 딸 맞아?"

아침 밥상에서 숙영이가 대뜸 내게 이렇게 물었다. 쉽게 물러날 것 같지 않은 도전적인 눈빛에 순간적으로 마음이 흔들렸지만 그렇다고 꿈쩍할 내가 아니다.

"마음에 안 들면 독립해서 살든지."

졌다는 듯 한숨 한 번 쉬고 돌아서는 숙영이. 예외 없이 이번에도 내 승리다. 숙영이가 그렇게 따지고 든 데에는 다 이유가 있었다. 그제 농장에서 있었던 일 때문이다. 강원도 농장에 온 가족이 놀러 갔는데 딸아이가 갑자기 화장실이 급하다고 하길래 삽 하나를 던져 주며 내가 그랬다.

"너무 깊이 파지는 마라. 일 본 다음 흙으로 잘 덮는 것도 잊지 말고. 뒤 닦은 나뭇잎은 꼭 한데 묻어야 한다. 괜히 다른 사람이 밟을 수도 있으니까."

새삼스런 일도 아닌데 그날따라 숙영이가 짜증을 부렸다.

"다 큰 딸이 대낮에 밖에서 일을 보는데 걱정도 안 돼요?"

"괜찮아. 여기 너 업어 갈 사람 아무도 없어."

삽을 휙 낚아채 밖으로 나간 숙영이가 한동안 돌아오지 않았다. 속이 좀 틀어졌구나 싶었지만 평소 하던 대로 그냥 모르는 척했다. 한두 해도 아닌데 새삼스레 반항(?)한다고 해서 달라질 게 있겠는가.

내겐 자식이 숙영이 하나뿐이다. 부모가 된 후로 나는 비로소 다 주어도 아깝지 않을 사랑이 내 안에 숨어 있음을, 그리고 사람에게 무한한 기대를 품을 수 있음을 알게 되었다. 더구나 하나뿐인 자식이니 그 사랑이 오죽했을까. 아이를 낳고 키운다는 것은 그처럼 경이롭고 소중한 경험이었다.

그러나 나는 얼마 지나지 않아 그에 따르는 책임도 막중하다는 사실을 깨닫게 되었다. 나로부터 태어난 생명이니 두 발

딛고 제대로 설 수 있을 정도는 만들어 줘야 할 게 아닌가. 그렇다고 전에 없던 육아관이나 교육관이 저절로 생길 리 만무했다. 이제 막 돌이 지나 아장아장 걷는 아이를 보며 굳혔던 결심.

'그래, 나무 키우는 대로만 하자.'

내 주변에는 나무를 잘 키우는 사람들이 몇몇 있다. 그들의 공통적인 특징은 항상 관심 있게 나무를 지켜보되 함부로 건드리지 않는다는 것이다. 언뜻 보면 참 무심한 듯 보이지만 그것은 절대 방치가 아니다. 품 안에 두지 않고 거리를 두되, 늘 지켜보면서 나무가 필요로 하는 것들에 때를 놓치지 않는 것이다.

하지만 그게 생각보다 쉽지 않다. 난을 키워 본 사람들은 그 사실을 잘 안다. 키우기 어려운 대표적인 식물 중의 하나인 난은 아무리 좋은 비료를 주고 매일같이 신경을 써도 곧잘 죽어버린다.

그러나 알고 보면 난을 병들게 만드는 것은 사람의 지나친 손길이다. 사람 손끝에는 미세한 염분기가 있는데 그 손으로 잎을 자꾸 만지니 난이 스트레스를 받아 제대로 자라지 못하는 것이다. 염 성분은 난이 자라는 데 치명적이다. 그러나 이런 사실을 모르는 사람들은 아끼던 난이 조금이라도 이상하면 평소보다 더 잎을 만지며 호들갑을 떤다. 결국 잘못된 사랑 표현

이 난을 죽이는 것이다.

그뿐만이 아니다. 사람들은 집안에서 식물을 키우며 괜히 영양 주사를 놓고, 바람 맞는다고 창문을 걸어 잠그고, 매일 가위를 들고 잎을 다듬는다.

그러나 나는 그렇게 키운 식물들이 오래가는 걸 보질 못했다. 사람 손을 많이 탄 분재는 주인이 어느 순간 잠시 손을 놓으면 일주일도 지나지 않아 죽어 버린다. 남이 돌봐 주는 데 이미 익숙해진 탓이다.

누군들 잘못되라고 그랬겠는가. 사랑하는 마음도, 그 마음을 주체할 수 없어 표현하고 싶은 심정도 이해한다. 그렇지만 지나친 것은 부족함만 못한 법이다.

나는 아이를 키우는 것도 그래야 한다고 생각했다. 아이가 스스로 설 수 있도록 도와주는 것이 내 역할이라고, 품 안의 자식이라고 무조건 감싸고 돈다거나 지나치게 간섭하면 안 된다고, 그저 끊임없이 지켜보자고……. 물론 때로는 지켜보는 게 힘들었다. 그럴 때마다 나는 나무를 떠올리며 내 마음을 다잡았다.

물론 최소한 가지치기를 해 줘야 할 순간들이 있다. 나무를 키우다 보면 '웃가지'가 자라는 경우가 있다. 이런 웃가지는 나무가 영양 성장에서 생식 성장으로 넘어갈 무렵에 많이 보인다. 즉 열매를 맺을 수 있는 어른으로 거듭날 무렵, 웃가지는 뿌리를 힘들게 하고 영양분을 축내며 나무의 수형까지 망치는 가지들이다. 따라서 웃가지들이 보이면 나무가 더 힘들어지기 전에 쳐 내야 한다.

마찬가지로 사람이 자라는 데도 가지치기를 해야 할 순간이 있다. 결정적인 순간의 조언이라고 할까. 계속 지켜보다가 아이가 너무 엇나간다 싶으면 그저 내 경험을 얘기해 준다. 내가 살아왔던 이야기, 그러면서 겪었던 시행착오들과 그 안에서의 깨달음을 그저 전해 주는 것이다. 그러면서 말한다.

"네가 처한 조건은 이 정도인데 내 생각에는 조금은 무리일 듯싶다. 그러니까 한 번만 다시 생각해 봐라."

그러나 내 가지치기는 여기까지다. 아이가 거부하면 그 다음부터는 아이 몫이다. 그때는 나무가 제 스스로 필요에 의해 자기 가지를 쳐 내듯, 아이 역시 스스로 깨달아 판단하기를 기다린다.

아이가 고등학교 3학년 때의 일이다. 숙영이는 입시를 앞두고 병원에 두 달이나 입원을 했다. 나를 닮아 키가 굉장히 큰 편인데, 성장기에 몸이 갑자기 자라다 보니 내부 기관이 미처 적응하지 못하고 상처가 난 것이다. 학교 공부를 두 달이나 쉰 터라 입시 공부에 차질이 생길 수밖에 없었다. 그런데 원서 접수를 코앞에 둔 어느 날 숙영이가 아주 단호하게 말했다.

"이화여대나 숙명여대가 아니면 대학엘 안 가겠어요."

대학들을 둘러보니 딱 거기만 마음에 들더라는 거였다. 성적이 월등히 좋았던 것도 아니고, 더구나 중요한 시기를 병원에서 보낸 마당이라 내 생각에는 무리일 듯싶었다. 아이가 입을 상처와 정신적인 부담을 생각해 시야를 넓게 가져 보라고, 다시 한번 진지하게 생각해 보라고 얘기했지만 숙영이의 태도는 변함이 없었다. 어쩌겠는가. 나의 몫은 거기까지, 나머지는 숙영이 판단에 맡길 따름이었다.

첫 번째 숙대 특차 지원. 낙방이었다. 주변에선 계속 우려의 눈길을 보냈지만 딸아이의 태도는 여전히 완고했다. 결국 이화여대에 원서를 냈다. 그런데 신기하게도 숙영이는 합격 통지서를 받았다. 어찌 된 영문인가 했는데 알고 보니 논술에서 큰 점수를 얻은 거였다. 숙영이는 어릴 때부터 책을 많이 읽는 편이었다. 내가 책을 읽을 때마다 자기도 책 읽는다며 내 모습을 흉내 내더니 그게 습관이 된 것 같았다. 그러다 보니 중고등학교 시절에도 교과서가 아닌 다른 책을 읽는 숙영이의 모습을 자주 볼 수 있었다.

그런데 그렇게 읽은 책들이 어느새 지식이 되었던 모양이다. 하여튼 숙영이는 모자란 점수를 논술 시험에서 만회하여 누구도 기대치 않았던 대학 입시에 당당히 성공했다.

숙영이는 가끔 "친구들 중에 방치해서 잘 된 케이스는 나밖에 없다"고 웃으며 말하곤 한다.

그러나 어찌 되었건 간에 나는 제 나름대로 갈 길을 판단하고 거기에 대해 책임을 지는 딸이 참 대견하다. 그리고 나무에게서 배운 내 육아관이 잘못된 게 아니라는 걸 증명해 주는 듯해 고맙다.

칼릴 지브란이 쓴 《예언자》에 이런 구절이 나온다.

"자식에게 사랑은 줘야 한다. 그러나 내 생각을 자식에게 주입시키려 들지 마라."

나무에 대한
예의

화천 농장에다가 나무 두 그루를 나란히 심은 적이 있다. 한 놈은 원래 위로만 자라는 마가목이었고, 다른 녀석은 옆으로 자라 공간을 많이 차지하는 층층나무였다. 묘목 시절에는 두 녀석 모두 어차피 위로만 클 테니 나중에 다시 옮겨 심을 요량으로 둘의 간격을 신경 쓰지 않았는데, 신기한 일이 벌어졌다. 위로만 자라던 마가목이 공간을 많이 차지하는 층층나무를 피해 어느 순간 비스듬하게 몸통을 틀어 자라는 게 아닌가.

　너무 신기해 나는 한동안 손을 대지 않고 어린 마가목을 지켜보았다. 그런데 그렇게 비스듬하게 기울어 자라다가 층층나무에게서 어느 정도 떨어지게 되자 또다시 하늘을 향해 줄기를 곧게 뻗기 시작했다.

움직일 수는 없지만 몸통을 옆으로 틀어 제가 자랄 공간을 확보한 마가목. 누가 시켜서 그런 것이 아니다. 저 혼자 판단해 행동한 것이다.

그 모습을 보니 나중에 층층나무가 좀 더 크게 자라 가지를 뻗어 나가면 마가목이 어떤 행동을 취할지가 갑자기 궁금해졌다. 마가목 입장에서야 정말 복장 터질 일이겠지만 말이다.

나무는 한번 뿌리를 내리면 누가 억지로 옮기지 않는 한 평생 그 자리에서 살아야 한다. 주변 환경이 아무리 마음에 안 들고 힘들어도, 다른 곳으로 떠날 수가 없다. 그냥 그곳에서 평생 살아야 하는 숙명을 타고나는 것이다.

얼마나 갑갑할까. 어느 순간 그 사실을 생각하면 내가 숨이 막힐 지경이다. 나라면 절대 그렇게는 못살 것 같다.

그런데 정말 신기하게도 나무는 어떤 조건에도 굴하지 않고, 한번 뿌리 박은 곳에서 자신의 목숨을 부지하기 위해 끊임없이 노력한다.

풍요로우면 풍요로운 대로, 척박하면 척박한 대로 자신에게 주어진 운명에 굴하지 않고 삶을 개척해 나가는 나무들. 온통 바위투성이인 황량한 산에 가 보면 그런 나무들이 참 많다.

빛을 받기 위해 자기 몸통을 틀고, 영양분이 부족하면 아래 가지를 일부러 떨어뜨려 에너지를 비축하기도 하는 그네들의 모습은 이미 우리가 머릿속으로 그리던 예쁜 나무의 모습이 아니다.

아마도 여행길에 한 번쯤은 그런 나무들을 본 적이 있을 거다. 나무라고 하기엔 모양새가 이상한 그런 나무들 말이다.

그걸 이른바 '곡지曲枝'라고 한다. 가지나 줄기가 어떤 외부적인 영향 때문에 휘는 것을 일컫는 말이다.

어떤 사람들은 말한다. 외부 환경에 따라 제 몸을 이리저리 바꾸는 모습이 영 마음에 들지 않는다고. 무슨 나무가 저리 나약하고 줏대가 없냐고.

그러나 그건 곡지에 대해 모르고 하는 소리다. 곡지는 나무가 남긴 투쟁의 흔적이다. 그럼에도 불구하고 살아 남겠다는 모진 다짐의 결과물인 것이다.

산세가 험하기로 유명한 설악산 산자락을 오르다 보면 여기저기에서 노송들이 많이 보인다. 그 나무들을 보면 그간 얼마나 많은 바람이 불었는지, 눈이나 비는 또 얼마나 세차게 쏟아졌는지 한눈에 알 수 있다. 그런 노송들이 있기에 설악산 바위터는 수십 년간 온갖 재해에도 무너지지 않고 제 모습을 유지하고 있는 것이리라.

나는 뒤에서 날아오는 돌은 숙명이고, 앞에서 날아오는 돌은 운명이라고 생각한다. 뒤에서 날아오는 돌은 우연이 아니고서는 피할 수 없다. 그와 마찬가지로 숙명은 타고난 본성과 관련된 것이기에 바꿀래야 바꿀 수가 없다. 개인의 의지로는 도저히 어쩔 수 없다는 뜻이다. 그러나 이와는 달리 살아가면서 맞닥뜨리는 운명은 개인의 의지로 바꿀 수 있다. 앞에서 날아오는 돌을 피하듯 말이다.

나무에게 땅에 묶여 평생을 사는 게 숙명이라면, 뿌리를 내린 뒤 그럼에도 불구하고 살아가는 것은 운명이다.

나무란 놈은 워낙에 그걸 잘 알고 있는지 일단 뿌리를 내리고 나면 주변의 환경에 강하게 맞선다. 움직이지 못하는 건 어쩔 수 없어도, 이 땅 어느 생명보다 잘 살아갈 수 있다는 걸 온몸으로 보여 준다. 그래서 살아 있는 동안 나무는 결코 자기 삶에 느슨한 법이 없다.

그게 쉬운 일이겠는가. 곧게 펴져 있던 몸이 어느 순간 제 수형을 벗어나 휘어 간다고 생각해 보라. 한 곳에서 평생을 사는 것도 쉬운 일이 아닐 텐데 몸마저 그렇듯 꺾어 가며 살아야 하는 현실. 나 같으면 도저히 그 현실을 받아들이지 못했을 것이다.

그렇게 보면 세상에서 가장 안타까운 존재가 바로 사람인 것 같다. 제 두 발로 어디든지 갈 수 있고, 무엇이든 생각한 대로 행할 수 있고, 마음먹으면 무엇이든 배울 수 있는 능력을 지닌 게 바로 사람 아닌가.

그러나 사람들은 노력하면 얼마든지 바꿀 수 있는 일임에도 불구하고 조금만 어려움이 닥쳐도 마치 숙명인 양 체념해 버린다. 그리곤 그 탓을 주위로 돌리며 이렇게 말한다.

"도저히 어쩔 수 없어. 이건 내 힘으론 불가능한 일이야."

뭔가 일이 안 풀리면 어떻게든 풀어 보겠다는 의지를 세우기 전에 포기하고 주저앉아 버리는 사람들. 나는 그런 사람들에게 나무를 보라고 얘기해 준다.

맘먹은 것이 있다면 포기하지 마라. 그것이야말로 나무에 대한 예의가 아니다.

보잘것없는
나무들이
아름다운 이유

가끔 까닭 없이 우울해질 때가 있다. 내가 하는 일이 의미가 없는 것처럼 느껴지고 결국에는 만사가 다 귀찮아진다. 그렇게 무기력한 기분이 들 때마다 나는 남대문 야시장엘 간다.

좌판을 벌여 놓고 구성진 목소리로 손님을 부르는 아저씨, 보따리를 등에 지고 사람들 사이를 요리조리 피해 지나가는 짐꾼, 나물 천 원어치 사면서 십 분 넘게 입씨름하는 아줌마…….

아무리 잡아당겨도 찢어지지 않는 질긴 고무장갑 같은 그들의 모습을 보고 있노라면 나도 모르게 막 신이 난다. 그리고 물고기처럼 파닥파닥 살아 숨 쉬는 그들에게서 살아갈 힘을 얻는다. 마치 갈증 나는 한여름에 시원한 탄산 음료를 들이킨 기분이라고 할까.

삶의 갈증을 풀고 시장을 나서는 순간, 문득 내 머릿속을 스치는 나무 하나가 있다. 제주도 한라산에서만 자라는 '시로미'라는 작은 야생 나무다.

얼마 전 한라산에 오른 적이 있다. 훼손되지 않은 자연 상태의 나무들을 보고 싶어 일부러 사람들이 잘 다니지 않는 길을 택했다. 거기서 발견한 것이 시로미.

해발 1500미터 이상의 고지대에서만 자라는 시로미는 아직까지 제주도 이외의 지역에서 발견된 적이 없는 희귀한 나무다. 한 뼘 정도밖에 안 되는 키에 열매마저 작아 여간해선 눈에 잘 띄지 않는다.

하지만 그 작고 보잘것없는 나무의 위력은 대단하다.

시로미를 처음 발견했을 때, 마침 무척 목이 말랐다. 수통의 물도 다 떨어지고 입 안이 바짝 마르던 차에 나는 시로미의 빨간 열매를 한 움큼 따서 입 안에 털어 넣었다.

시큼털털한 첫맛에 얼굴이 찡그려졌지만 이내 단 기운이 가득히 퍼지면서 입 안 구석구석을 적셨다. 콩알보다 작은 열매에 어떻게 그런 물기가 담겨 있는지, 그 작은 열매 한 줌 먹은 것이 꼭 약수 몇 사발을 들이킨 기분이었다. 그리고 나서 백록담에 오르는데 거짓말처럼 전혀 목이 마르지 않았다.

건조하고 메마른 한라산 그 고지대에서 시로미는 어떻게 그런 실한 열매를 맺을 수 있을까.

시로미처럼 보잘것없어 보이지만 제 존재 가치를 분명히 지니는 나무는 생각 외로 우리 주변에 많다.

공원이나 건물가에서 흔히 볼 수 있는 키 작은 관목들만 봐도 그렇다. 숲이 생길 때 가장 중심부에서 그 틀을 잡아 주는 관목들은 어느 정도 숲이 완성되면 키 큰 나무들에게 자리를 내주고 '여가리', 즉 숲의 주변부로 밀려난다. 키가 큰 교목들 틈에선 살아날 수가 없기 때문이다.

그러나 여가리에 자리 잡은 관목들은 숲 주변부에서 자기들을 밀어낸 교목들을 보호해 준다. 이 볼품없는 관목들이 외부의 자연적인 재해에 맞서며 숲 전체를 지켜 내는 것이다. 그리고 이로 인해 숲은 보다 다양한 종이 어우러져 사는 건강한 모습을 이뤄 간다.

어디 그뿐인가. 불모지가 된 땅을 다시 푸르게 만드는 것 역시 보잘것없는 작은 나무와 풀들이다. 아무런 생명도 없던 메마른 땅에 평상시에 외면만 당하던 풀들이 들어와 개척자 역할을 한다. 이들은 불모지에 가장 먼저 들어와 지반을 안정시

키고 다른 나무들이 살아갈 윤택한 토양을 만들어 낸다. 흔히 잡풀 취급을 하는 쑥이나 억새, 고사리가 바로 이런 '개척식물'들이다.

산불로 폐허가 된 땅의 첫 방문자 역시 마찬가지. 길이도 짧고 몸통도 얇아 기껏해야 울타리나 빗자루 정도로밖에 사용되지 못하는 싸리나무는 불난 자리를 녹화시키는 주역이다. 사람들에게 많이 알려져 있지만 그렇다고 결코 대접 받는 축에 끼지 못하는 고사리 역시 싸리나무와 비슷하다. 거친 들에서 흔히 볼 수 있는 고사리는 타고난 그 씩씩함으로 잿더미 속에 가장 먼저 자리를 잡고 싹을 틔운다.

사람으로 치면 꼭 필요한 일이지만 모두 꺼리는 3D 업종 종사자라고 할까. 초석을 다진 후 다른 나무들이 하나 둘 자리 잡으면 관목들이 그랬듯 조용히 자기 자리를 내준다. 이로 인해 예전의 그 불모지는 언제 그랬냐는 듯 짙은 녹색 숲으로 복구된다.

그러나 안타깝게도 숲의 사회에서 그들에게 돌아오는 것은 많지 않다. 누군가 그 역할을 알아주는 것도 아니다. 그럼에도 불구하고 그들은 나무 세계에서 맡은 바 소임을 다 해낸다. 그저 묵묵하게.

하지만 그들은 알고 있다. 자신들이 비록 보잘것없지만 나무 세계에서 없어선 안 될 중요한 존재라는 사실을. 그런 그들을 통해 나는 이 세상에 소중하지 않은 삶은 없다는 진리를 새삼 깨닫곤 한다.

그래서일까. 나는 하늘 높이 위로만 자라면서 어떻게든 많은 햇볕을 받기 위해 혈안이 된 거대한 교목들보다 보잘것없는 나무들이 훨씬 더 값지고 아름답게 느껴진다.

"못생긴 나무가 산을 지킨다"는 말은 비단 나무 사회에서만 통용되는 말은 아닐 것이다. 세상 모든 것은 저마다 의미를 지니고 있다. 하루살이 같은 삶, 내일이 보이지 않는 삶이라 하더라도 분명 살아가는 이유가 있고, 그 가치가 있는 것이다. 그러므로 그 가치를 알고 묵묵히 제 역할을 해낼 때, 결국 그것이 자신을 지키고 세상을 지키는 길이 된다.

그 사실을 분명히 알고 있는 나무들은 자기 자리에서 행복을 찾는 방법을 너무도 잘 터득하고 있다. 남과 비교하여 스스로를 평가하고 자리매김하는 것이 아니라, 오로지 자기의 삶 하나만을 두고 거기에만 충실한다. 그리고 그로 인해 생의 의미를 얻고 삶을 영위할 힘을 받는다.

그런 나무를 보며 나도 내 삶이 너무나도 소중하다는 걸 새삼 깨닫곤 한다. 비록 남들 보기엔 하찮고 평범한 삶일지라도 말이다.

앞으로도 나는 그 누구의 삶도 시샘하지 않으며, 남들이 내 삶에 대해 어떻게 생각하든 관여치 않으련다. 내가 스스로 가치 있다고 여기면 그것으로 족하지 않은가. 내 삶에 점수를 매길 수 있는 사람은 나 자신뿐이라는 것을 늘 기억하며 살아갈 것이다.

어떻게
살 것인가

사람들은 내가 마치 사람 대하듯 나무를 다루는 걸 보면 신기한가 보다. 어린 나무들한텐 이놈 저놈 하고, 기백 년 이상 된 나무들에겐 '어르신'이란 호칭을 써 가며 예를 갖추는 걸 보고 내게 묻는 말.

"처음부터 나무가 사람처럼 보였어요?"

글쎄다. 나무와 인연을 맺게 된 이야기를 하자면 내 어린 시절을 떠올리지 않을 수 없다.

내가 나고 자란 서울 정릉은 당시만 해도 산골 마을이었다. 북한산을 병풍 삼아 배밭골과 청수장이라는 두 골짜기를 중심으로 몇 안 되는 사람들이 옹기종기 모여 살았다.

지금의 국민대학교 자리인 배밭골은 넓은 소나무 숲이 우거져 장관을 이루었고, 청수장은 계곡의 모습이 동화 속 그림처럼 예뻤다. 어린 시절, 좋고 나쁜 걸 가릴 줄도 모를 나이였지만 내 눈엔 그보다 더 좋은 천국이 없었다.

학교가 끝나기만을 기다렸다가 산에 올라 버릇한 게 십여 년. 누룽지 한 조각을 주머니 안에 찔러 넣고 해가 서산으로 넘어갈 때까지 마냥 산 속에서 뛰어놀았다. 먹을 것 귀하던 시절, 설혹 누룽지조차 못 얻어먹으면 또 어떠랴. 봄부터 가을까지 숲에는 먹을 게 천지인 것을. 달짝지근한 나무 뿌리는 물론이고 이름 모를 야생 열매들로 배를 가득 채우고 나면 세상 부러울 게 없었다.

이른 봄 달콤한 햇살을 받으며 나무 등걸에 누워 있으면 바람을 타고 나무 이파리가 서걱거리는 소리가 들려왔다. 나뭇가지 틈으로 저 아래 누워 있는 나를 내려다보며 저희들끼리 소곤거리는 소리가 말이다.

그때를 떠올리면 그저 행복하다. 하지만 요즘은 산에 오르는 일이 즐겁지 않다. 아픈 나무들이 너무나 많기 때문이다. 바람만 불어도 이리 휘청, 저리 휘청, 겉으로 보기엔 건강해 보여도 막상 들여다보면 하나같이 비정상적인 모습들뿐이다. 이삼십 년 사이에 계획 없는 조림과 방치로 인해 자생력을 잃어버릴 정도로 망가져 버린 나무들. 안타깝게도 우리나라 도시 근교의 숲이 대부분 이런 모습이다. 망가진 산에 오르고 있으면 너무나 아프다고, 좀 살려 달라고 애원하는 나무들의 목소리가 들리는 듯하다.

도시에 살고 있는 나무들의 현실은 그보다 더 참혹하다. 거리를 걷다 보면 이제 곧 생을 마칠 나무들을 수도 없이 마주치게 된다. 그러나 안타깝게도 대부분의 사람들은 여기에 관심을 갖지 않는다. 아니, 나무가 죽어 가고 있다는 사실조차 모르는 사람들도 부지기수다. 숲과 나무가 없는 도시가 어떤 모습일지, 그들이 사라짐으로 해서 우리 삶이 어떻게 변해 갈지 조금도 생각하지 않는다.

지금은 거의 이 지구상에서 자취를 감추었지만, 아메리카 인디언들은 일찍이 물질 문명에 눈이 먼 인류의 미래에 대해 우려와 두려움을 나타내 왔다.

체로키족의 추장 '구르는 천둥'은 이렇게 말했다.

"지구는 살아 있는 하나의 생명체다. 지구는 인간과 마찬가지로 그 자체의 의지를 가진, 보다 높은 차원의 인격체다. 따라서 육체적으로나 정신적으로 건강할 때가 있고 병들 때가 있다. 사람들이 자신의 몸을 소중하게 여기듯이 지구도 마찬가지다. 너무도 많은 사람들이, 지구에 상처를 주는 것은 곧 자기 자신에게 상처를 주는 일이며, 자기 자신에게 상처를 가하는 것은 곧 지구에게 상처를 가하는 일이라는 것을 전혀 깨닫지 못하고 있다."

나를 찾는 나무들이 갈수록 늘어나는 지금, 나는 너무도 큰 위기 의식을 느낀다.

언젠가 관리 중이던 건물 정원의 소나무가 갑자기 베어져 있는 것을 발견했다. 누군가 톱으로 몰래 베어 낸 것이다. 심증이 가는 곳이 딱 한 군데. 소나무 때문에 가려졌던 한 상점의 간판이 나무가 없어진 뒤로 아주 눈에 잘 띄었다.

중구 오장동에 있던 회화나무도 그랬다. 보고 있으면 절로 기분이 좋아질 정도로 아름다운 나무였는데, 어느 날 갑자기 그 나무가 베어져 나가고 그 자리에 건물이 떡 하니 들어섰다.

삭막한 도시 한가운데에서 매연과 탁한 공기를 참으며 그래도 살아 보겠다고 애쓰는 나무를 어떻게 그렇게 쉽게 베어 버릴 수 있는지……. 나는 사람들보고 종종 그런다.

"내가 나무라면 가장 가고 싶지 않은 곳이 바로 사람 곁이다."

나무는 원래 생존욕이 높다. 하지만 그런 나무도 자살을 꿈꿀 때가 있다. 얼마나 못 견디겠으면 자살까지 생각할까. 그런데 지금 우리 주변에 있는 대부분의 나무들이 거의 그렇게 자살을 꿈꾼다. 최소 오백 년 이상을 산다는 은행나무들도 사람 곁에선 이삼십 년 만에 죽어 버린다. 그런 나무들에게 내가 건네는 말 한마디.

"그래도 살아야 하지 않겠니? 목숨이 얼마나 중한 건데……."

하지만 그렇게 말하면서도 내가 그 나무라고 생각해 보면 더 이상 말을 잇기가 어렵다. 그저 미안할 뿐이다.

갈수록 망가져 가는 숲과, 갈수록 숲과 나무에게서 멀어지는 사람들을 볼 때마다 나는 참 속상하다. 아무리 노력한들 나 혼자만의 힘으로 무슨 소용이 있을까 하는 생각이 나무를 돌보는 손길을 멈추게 한다. 한평생을 다닌다고 해도 전국에 있는 모든 나무들을 돌본다는 건 불가능한 일.

그렇다고 포기할 것인가. 아니면 관심도 없는 사람들에게 나무가 죽고, 산이 죽고, 이 땅이 죽는다고 말하고 다닐 것인가. 그도 아니라면 지금 나는 과연 무엇을 할 수 있을 것인가.

우습게도 나는 한 권의 책에서 미약하나마 그에 대한 답을 얻을 수 있었다. 지쳐 가는 내게 힘과 위안을 주었던 책, 프랑스 작가 장 지오노가 지은 《나무를 심은 사람》이다.

어디까지나 한 편의 소설이고, 그것이 실화에 기인한다는 말은 책 어디에서도 찾을 수 없다. 그저 한 소설가가 지어낸 허구일 따름이다. 그럼에도 불구하고 내가 이 책을 말하는 이유는 그 속에서 발견한 '희망'만은 허구가 아니기 때문이다.

사방을 둘러보아도 나무 한 그루 없는 프로방스의 한 황무지에 한 사람이 살고 있다. 아내와 아들을 잃고 고독 속에 물러앉은 그는 나무가 없기 때문에 땅이 죽어 간다고 생각하고 홀로 매일같이 나무를 심었다.

그러나 그는 매일같이 나무를 심으면서도 그 어떤 새로운 결과를 기대하지 않았다. 누가 알아주길 바라는 것도 아니고 보상도 바라지 않은 채, 그저 아주 단순하고 고집스럽게 자신의 일을 계속할 뿐이었다.

그렇게 그는 십만 그루의 나무를 심었다. 그러나 예측할 수 없는 신의 섭리 속에 많은 나무들이 또 죽어 갔다. 그래도 그는 나무를 심고 돌보는 일을 멈추지 않았다.

그렇게 보낸 시간이 어느덧 10년. 그가 가꾼 나무들은 숲을 이루었다. 그 모든 것은 '아무런 기술적인 장비도 지니지 않은 한 인간의 손과 영혼에서 나온' 것이었다.

그가 나무를 처음 심었을 때만 해도 그 황무지에 사는 사람은 채 열 명이 안 됐다. 더군다나 그들은 서로를 미워했고 어떻

게든 황량한 그곳을 벗어나고자 혈안이 되어 있었다. 그들에게
남아 있는 것은 죽음을 기다리는 일뿐이었다. 그런데 모든 것
이 변했다.

모든 것이 변해 있었다. 공기까지도. 나를 맞아 주었던 건조하고
난폭한 바람 대신에 향긋한 냄새를 실은 부드러운 미풍이 불고
있었다. 물 흐르는 소리 같은 것이 저 높은 언덕에서 들려 오고
있었다. 그것은 바람 소리였다. 게다가 더 놀라운 것은 못 속으
로 흘러 들어가고 있는 진짜 물소리가 들리는 것이었다. 나는 샘
이 만들어져 있는 것을 보았다. 물은 풍부하게 넘쳐흘렀다. 그리
고 나를 가장 감동시킨 것은 그 샘 곁에 이미 네 살의 나이를 먹
었음직한 보리수나무가 심어져 있는 것이었다. 이 나무는 벌써
무성하게 자라 있어 의문의 여지없이 부활의 한 상징임을 보여
주고 있었다.
더욱이 마을에는 사람들이 노동을 한 흔적이 뚜렷했다. 사람은
희망을 가져야만 일을 할 수 있다. 그러니까 희망이 이곳에 다시
돌아와 있었던 것이다.

그가 사람들에게, 이 땅에 준 가장 큰 선물은 무엇일까. 그것
은 풍부한 자원과 그로 인한 혜택보다는 바로 '희망' 자체였을

것이다. 한 사람의 작은 삶이 모두에게 희망을 불러일으켰던 것이다.

물론 그가 행한 일들은 분명 실제가 아닌 허구다. 현실적으로 볼 때 나무를 가꾸고 숲을 되살린다는 것은 한 세대에 결과를 기대할 수는 없는 일이다. 아니 몇 대를 걸쳐 이어져 내려가야 하는 어마어마한 사업이라고 해야 옳을 것이다.

그럼에도 불구하고 내가 감동을 받은 것은 한 사람의 작은 삶이 결국 모든 변화의 시발점이었다는 사실이다.

나는 내 남은 삶의 어디쯤에선가 도시 생활을 완전히 정리하고 산 속에 들어갔으면 싶다. 여생 동안 척박한 숲을 건강한 숲으로 만드는 데 조금이나마 일조하고 싶기 때문이다. 물론 그 일은 내 대에서 끝나지 않을 것이 분명하다. 그리고 남들로부터 '계란으로 바위치기'라고 비웃음을 살지도 모를 일이다. 이 땅의 모든 숲이 제 모습을 찾기 위해서는 적어도 수백 년의 시간이 걸릴 테니까.

그래도 이제는 주저하지 않을 것이다. 나는 숲을 가꾸며 내 뜻을 사람들에게 알리고, 그들 중 뜻을 함께하는 젊은이들에게 내가 못 다할 '건강한 숲 만들기'를 이어가게 하고 싶다. 나무와 숲 관련 강의들을 통해 그 뜻을 나누는 것도 내 평생 꼭 해야 할 일 중의 하나다.

30년 전 나는 통나무집 만드는 법을 배웠다. 산속 생활을 준비하기 위해서다. 그런 내 마음을 아는지 아내는 제빵 기술을 익혀 어지간한 빵은 집에서 만들어 먹는다. 게다가 한복 만드는 법을 배우더니 이제는 내 옷을 만들어 줄 정도가 되었다. 그런 아내의 능력은 산 속에서의 생계 유지에 커다란 도움이 될 것이다.

하지만 아직까지 구체적인 계획을 잡은 것은 없다. 그저 마음이 시키는 대로, 바라는 대로 지금 내가 할 수 있는 일들을 조금씩 준비해 나갈 따름이다. 그것이 내가 나무에게서 배우고 받은 것들에 대한 작은 보답이 되길 바라며 말이다.

식물을
키우고 싶은 사람들이
기본적으로
알아야 할 것들

실내 식물편

우리는 하루의 90퍼센트 이상을 실내에서 보낸다. 집이라는 실내에서 나와 사무실이나 학교 건물로, 다시 각종 카페나 식당을 거쳐 저녁 때 다시 집이라는 실내로 돌아가는 것이다. 그런데《식물 예찬》의 저자인 예른 비움달에 따르면, 우리가 그처럼 하루의 대부분을 실내에서 보내게 된 건 산업혁명 이후 지금까지 250년 정도밖에 안 된다. 인간이 자연과 멀어진 역사가 그리 오래 되지 않았다는 얘기다. 그 사실은 왜 우리가 숲처럼 녹음이 짙고 울창한 자연에 끌리는지를 잘 설명해 준다. 자연과 멀어진 일상을 살고 있지만 늘 자연과 함께했던 본능이 우리 안에 살아 숨쉬고 있는 것이다.

그래서일까. 요즘 식물들을 집 베란다나 거실, 사무실 등 실내로 들여와 키우는 사람들이 많다고 한다. 그렇게라도 자연을 실내로 불러들여 심리적인 안정을 얻고자 하는 것이다. 뿐만 아니라 실내에서 식물을 키우면 미세먼지와 오염 물질을 정화시켜 공기를 맑게 하고, 사람들의 만성피로와 스트레스 해소에도 도움을 준다고 한다. 어떠한 이유로든 가까이 두고 애정을 다해 식물을 키우는 사람들이 늘어나는 건 참 반가운 일이다.

그런데 식물을 키우는 사람들이 늘어나면서 '식물 킬러' 또한 늘고 있다. 특히나 실내 인테리어를 예쁘게 하고 싶다며 장식품을 사듯 그저 예쁜 모양의 식물을 구입하는 사람들은 낭패를 보기 일쑤다. "이 식물은 정말 키우기 쉬워요. 한 달에 한 번 물만 주면 신경 쓸 일이 없어요"라는 상술에 속아 덜컥 화분을 사는 경우도 마찬가지다. 왜 남들은 잘만 키우는데 내 손에만 오면 식물이 죽어 버릴까?

〔 식물 킬러들에게 해 주고 싶은 말 〕

내가 식물 킬러들에게 해 주고 싶은 한마디는 식물을 키워 보겠다고 마음먹었으면 최소한의 공부는 했으면 한다는 것이다. 최소한의 공부란 다음과 같다. 일단 이름을 알아야 한다. 이름을 알면 인터넷이나 책, 유튜브 등을 통해 그 식물의 특성에 대해 바로 알 수 있다. 혹시나 해서 말해 두자면 예쁘다며 이름도 모른 채 식물을 구입하는 사람이 의외로 많다.

두 번째, 그 식물이 태어난 고향을 알아야 한다. 고향은 식물이 잘 자라는 기후를 말해 주고, 식물이 무엇을 좋아하고, 무엇을 싫어하는지를 단박에 파악할 수 있는 힌트를 제공하기 때문이다. 이를테면 따뜻한 남쪽 숲이 고향인 식물은 습하고 더운 곳을 좋아하고, 건조한 사막이 고향인 식물은 습한 곳을 피하고 겨울철에 얼지만 않을 정도로 해 주면 잘 자란다.

마지막으로, 식물의 외적인 형태를 유심히 관찰할 필요가 있다. 식물은 뿌리, 줄기와 가지, 잎으로 구성되어 있는데 각각의 특징을 보면 그 식물을 어떻게 대해야 할지 알 수 있기 때문이다. 예를 들어 뿌리가 가늘고 잔뿌리가 발달해 있으면 수분을 많이 필요로 한다는 증거다. 반면 우동 가락처럼 뿌리가 굵고 잔뿌리가 없으면 수분 공급에 그다지 신경을 쓸 필요가 없다.

또, 줄기와 가지에 털이 많다면 바람과 통풍이 중요하고, 잎이 얇고 가늘게 생겼으면 열대우림의 숲을 고향으로 두었을 확률이 높다.

이처럼 식물에 대한 최소한의 공부가 끝나면 그다음 해야 할 일은 그것을 키울 장소에 대한 고민이다. 만약에 꼭 키우고 싶은 식물이 있는데 그 식물의 제1 생장 조건이 햇볕이라고 해 보자. 햇볕을 잘 쬐어야 하는 식물이 햇볕이 잘 들지 않는 공부 방이나 사무실 책상 위에서 제대로 자랄 리 없다. 그런데도 계속해서 그 식물을 책상에 두고 키우겠다고 고집한다면 그것은 어리석은 욕심일 뿐이다.

방향도 잘 체크해 둘 필요가 있다. 빛에 민감한 식물의 경우 남향, 서향, 동향 등 방향에도 민감하게 반응하기 때문이다. 그 밖에 사계절에 따른 온도나 습도도 고려해야 한다. 실내 식물 대부분은 따뜻한 곳에서 자란 식물이므로 만약 영상 5도 이하로 내려가는 상황이 지속되면 추위에 얼어 죽을 수 있다. 그런 요소들을 모두 감안해 볼 때 배치 장소에 따라 키우기 좋은 식물은 다음과 같다.

사무실, 공부방, 책상 위(인공조명) : 테이블야자, 러브체인 스투키, 아펠란드라, 접란, 싱고니움, 피토니아, 다육식물류, 아이비, 호야, 페페로미아, 세네시오, 셀라지넬라, 이끼류

밝은 실내(창가) : 골드크레스트, 산세비에리아, 시클라멘, 포인세티아, 벤자민고무나무, 칼랑코에, 마란타, 파키라, 게발선인장, 틸란드시아, 멕시코소

철, 꽃기린, 미모사

어두운 실내 : 디펜바키아, 드라세나(행운목), 히포에스테스, 스파티필름, 트라데스칸디아, 베고니아

침실 : 난류, 안스리움

욕실 : 프테리스, 아디안텀, 네프로네피스 보스톤 펀 등 고사리류나 이끼류

지금까지 식물 킬러들에게 해 주고 싶은 말들을 적어 보았는데 그래도 자신이 없다는 사람들에게는 수경재배를 권한다. 수경재배는 물만 보충해 주면 되고 건조한 실내를 적정 습도로 유지시키는 데도 도움이 되므로 적극 추천한다. 수경재배가 가능한 식물들은 다음과 같다.

관엽식물 : 히야신스, 안스리움, 트리안, 피커스푸미라, 피토니아, 보스톤펀, 디펜바키아 마리안느, 싱고니움, 아스파라거스, 관음죽, 제브리나, 접란, 스파트필름, 개운죽, 백죽, 금천죽, 아이비, 콩란, 러브체인, 테이블야자, 신답서스, 워터코인, 아마릴리스, 금전수, 시페루스 등

식용식물 : 콩나물, 무, 양파, 고구마, 당근, 감자, 숙주나물, 토마토, 미나리, 파드득나물, 쑥갓, 시금치, 양상추, 부추, 샐러리, 파 등

〔 실내 식물을 키우고 싶은 사람들이
기본적으로 알아야 할 것들 〕

대부분의 식물은 환경에 적응하려고 노력한다. 그럼에도 죽어 가는 이유는 더 이상 견디기 힘들기 때문이다. 식물을 잘 키우고 싶다면 무엇보다 관심이 필요하다. 내 입장이 아니라 식물의 입장을 먼저 고려해 달라는 말이다.

언젠가 내가 강의 중에 그런 말을 하자 수강생이 물었다. "선생님, 물도 꼬박꼬박 줬는데 스투키가 갑자기 죽어 버렸어요. 왜 그런 거죠?" 나는 그 답을 이미 알고 있다. 그녀의 물 주기 습관이 스투키를 죽게 만든 주범이다.

왜냐하면 보통 사람들이 물 주기를 하면 일주일에 한 번, 한 달에 한 번 등 물 주는 시기를 정해 놓는데 그것은 옳지 않다. 그럼 물을 언제 어느 만큼 주어야 하느냐고? 내 대답은 하나, 식물마다 다르다. 식물마다 원래 필요로 하는 수분량이 다를 뿐더러 같은 식물이어도 계절에 따라 혹은 위치나 공간에 따라서도 적정 수분량이 달라진다. 그러므로 식물의 상태 점검도 없이 무조건 날짜를 정해 놓고 일정량의 물을 주는 것은 식물을 키우는 사람들이 제일 먼저 버려야 할 태도다. 대신 식물은 매일매일 다른 환경을 맞이하기 때문에 그에 맞추어야 한다.

같은 식물이라도 화분 안에 들어 있는 흙의 성질에 따라 물주는 양과 횟수가 달라질 수 있다. 그게 너무 어렵게 느껴진다면 우선은 화분의 흙을 만져 보고 마른 것 같아 보이면 물을 주되 더운 여름에는 좀 더 많이, 겨울에는 적게 주는 것이 좋다.

그리고 대부분의 사람들이 화분을 한 자리에 두면 계속 그 자리에만 두고 키우는 경향을 보인다. 땅에 심은 것도 아닌데 화분 옮기기를 꺼리며, 아예 옮길 생각을 하지 않는 경우도 종종 있다. 그런데 화분은 늘 같은 자리에만 두는 것보다 때에 따라 옮겨주는 게 식물에게 좋다.

그도 그럴 것이 우리가 키우는 실내 식물 대부분은 열대우림의 숲 바닥에서 자란다. 덥고 습하기는 하나 빛은 위에서 자라나는 울창한 나무들 때문에 대부분 차단당하는 환경에서 자라는 것이다. 그래서 열대우림의 식물들에게 빛은 어쩌다 바람이 불어 위의 나무들 틈 사이로 스치듯 지나가는 형태로 공급된다. 그러므로 열대우림이 고향이라고 해서 계속 햇볕을 쬐게 만드는 것은 별로 좋지 않다. 그렇다고 빛이 아예 없는 환경에만 두는 것도 좋지 않다. 그럴 때 필요한 게 바로 적절히 화분을 옮겨 주는 것이다.

식물에 빛을 주고 싶을 때는 오전에만 잠깐 동쪽으로 난 창에 두는 게 좋다. 오후 빛은 자외선이 강해 잎이 탈 수 있기 때문이다. 창가에 둔 화분도 가끔씩 돌려 주어야 잎들이 골고루 햇볕을 받을 수 있다. 건조한 거실에만 있는 식물은 가끔 샤워 후 김이 서려 있는 욕실에 하룻밤 두어 습기를 머금게 해 주는 것이 좋다.

마지막으로 실내 식물 대부분이 잎이 여리고 민감하기 때문에 적절한 수분 공급이 매우 중요하다. 겨울에 얼굴이 건조해지는 것을 막기 위해 미스트를 뿌리듯, 잎에 묻은 먼지를 닦아 내고 수시로 분무를 해 주는 것이 좋다는 말이다. 보습 효과를 높이고 싶다면 스프레이로 물을 뿌린 다음 잎을 셀로판지로 싸 주는 것도 괜찮은 방법이다.

〔 비료 주는 법 〕

먹다 남은 우유를 통째로 화분에 붓는 경우가 있는데 이는 아주 잘못된 방법이다. 우유는 상하기 쉬운 식품이므로 이것을 그대로 화분에 주면, 흡수 과정에서 뿌리가 썩고 종국엔 토양까지 부패되고 만다. 우유를 비료로 사용하려면 일단 한 방울도 남김 없이 다 마셔야 한다. 그 후 우유 용기에 물을 가득 부어 흔든 다음 화분에 주면 OK!

우유 외에 비료를 만들어 쓰는 방법은 다음과 같다.

건조 비료

먼저 깻묵과 쌀겨(밭의 흙도 가능), 곱게 부순 생선 뼈를 준비하되 비율은 무게로 따져 4:4:2가 되게 한다. 그 후 깻묵과 쌀겨, 생선 뼈를 잘 혼합한 다음 물기가 약간 있을 정도로 물을 섞는다. 이것을 비닐 주머니에 넣어 밀봉해 두면 여름은 1개월, 겨울은 2개월이면 완전히 발효된다. 제대로 발효되면 열과 냄새가 없어지는 것이 특징이다.

이렇게 만든 건조 비료는 차 숟가락으로 떠서 흙에 묻어 주는데, 4~5치 화분은 1~2술, 6~8치 화분은 2~3술, 9치~1자 화분에는 3~4술 정도가 좋다. 그러면 물을 줄 때마다 비료 성분이 약간씩 녹아 들어가 뿌리에 흡수된다.

액체 비료

앞의 건조 비료를 10배 용량의 물과 같이 섞어 2주일쯤 우려낸다. 이것을 화분에 물을 줄 때마다 10~20배로 희석해서 같이 주면 된다. 이때 잎에 묻지 않도록 주의해야 한다.

식물이 지속적인 생장을 하려면 정기적으로 분갈이를 해 주어야 한다. 지름이 30센티미터 이상 되는 화분에 심어진 것은 2~3년에 한 번, 열매가 맺는 것은 매해 분갈이를 해야 한다. 그 시기는 온대 식물의 경우 3~4월, 열대성 관엽은 5~6월이 좋다. 또한 가급적 한겨울과 한여름은 피하고 되도록 흐린 날에 바람이 없는 그늘진 곳에서 하는 것이 좋다.

분갈이 할 때 가장 신경 써야 할 것은 배합토이다. 초본류나 어린 묘에는 가벼운 배합토를, 뿌리가 튼튼한 묘나 목본류에는 무거운 배합토가 좋다. 군자란, 소철, 난류와 같이 뿌리가 굵은 식물은 굵은 모래나 하이드로 볼을 이용, 산소 공급이 잘 되도록 해야 한다. 그리고 가급적 화분은 소독하는 게 좋다. 병충해나 이끼가 발생할 위험이 있기 때문이다. 60~80도의 온탕에 20분 정도 담가 둔다.

준비가 다 되었으면 실제 분갈이에 들어간다. 먼저 왼손으로 화분을 치켜 올린 다음 오른손 주먹으로 뿌리가 잘 떨어지도록 두들겨 준다. 그 다음 뿌리를 꺼내 손이나 막대기로 뿌리 사이의 배합토를 털고 묵은 뿌리의 일부를 잘라 준다. 새 화분은 기존 것보다 1~2호쯤 큰 것이 적당한데 화분 밑에 배수층을 만들고 기존 화분과 높이를 같게 하여 심으면 된다.

분갈이 후에는 물을 충분히 주고 바람이 없는 반 그늘진 곳에 화분을 두어 습기를 충분히 유지시킨다. 만일 뿌리를 잘라 주었을 경우 지상부의 잎도 같은 양으로 솎아 주는 게 좋다.

〔 주요 해충 퇴치법 〕

대표적인 해충인 진딧물은 주로 잎과 줄기, 꽃봉오리에 기생하는데 식물의 즙액을 빨아 먹고 바이러스를 옮겨 생육을 약화시킨다. 약제 방제는 쉬운 편이므로 약을 사용하면 된다. 약제는 피리모, 페로팔 등이 있다.

응애의 경우 잎 뒷면에서 즙액을 빨아 먹으므로 엽록소가 쉽게 파괴된다. 이로 인해 잎이 노랗게 변하고 동화 작용이 어려워진다. 고온 건조할 때 많이 발생하므로 수시로 물을 뿌려 주어 발생 자체를 예방하는 게 중요하다. 기본적으로 약제 방제가 잘 되지 않고 약에 대한 내성이 생길 수 있으므로 약을 바꾸어 가며 사용해야 한다. 또한 목욕을 시키듯 흠뻑 주되 5일 간격으로 3회 이상 살포해야 하며, 살포 후에는 비닐을 씌워 훈증을 시킨다.

간혹 방패나방 때문에 피해를 입는 경우도 있는데, 주로 철쭉 등 진달래과 식물에 많이 붙는다. 응애와 마찬가지로 잎 뒷면에서 즙을 빨아 먹는데 잎이 희끗희끗해지는 게 특징이다. 약제 방제는 쉬운 편. 다만 약을 칠 때는 밑에서 위로 살포해야한다. 대표적인 약제로 수프라사이드, 스미치온 등이 있다. 전용 약재는 농약상과 상의해서 구입하는 것이 좋다.

〔 이사법 〕

식물을 이사시킬 경우 갑자기 강한 바람을 맞게 되면 필요 이상으로 증산량이 많아져 잎이 마르게 된다. 관리 소홀로 잎이 찢어지거나 햇볕에 타는 것도 다반사. 잎이 두꺼운 식물은 살아 남겠지만 아직 굳지 않은 새순이나 고사리처럼 연약한 잎을 가진 식물은 이사로 인해 치명적인 피해를 입게 된다.

따라서 식물을 이사시킬 때에는 가구를 옮기듯 깨지거나 흠이 나지 않도록 잘 포장해야 한다. 일차적으로 신문지로 싸서 직사광선을 피하고, 바람에 다치지 않도록 비닐로 덮어 묶어주자. 또한 가급적 해가 지는 저녁 무렵에 옮겨 증산 작용을 최대한 막아 주는 게 필요하다.

〔 대표적인 실내 식물 제대로 가꾸는 법 〕

난

난은 바위나 나무에 붙어서 사는 '기생란'과 땅에 뿌리를 박고 자라는 '지생란'으로 나뉜다. 기생란은 굵은 뿌리를 공중에 드러내고 공기와 비의 습기에서 수분을 섭취한다. 잎과 줄기는 살이 두꺼워서 건조에 강한 게 특징이다. 이에 반해 지생란은 흙 속에 뿌리를 뻗어 안정된 조건으로 성장하기 때문에 기생란에 비해 뿌리가 가늘고 잎 살이 얇으며 폭이 좁은 게 많다.

난을 잘 키우기 위해서는 무엇보다 통풍이 잘 되는 곳에 두어야 한다. 바람을 적당히 맞으면 병에 걸리지 않고 증산이 잘 되어 뿌리의 신장도 활발해지고 포기가 잘 자란다.

이와 함께 신경 쓸 것은 온도인데, 최저 온도를 10도 이상으로 유지해 주는 것이 좋다. 또 시렁 위에 난을 얹고 밑에 수조를 설치하거나, 자주 물을 뿌려서 습도를 적당히 유지해야 한다. 또한 난은 직사광선에 노출되면 잎이 타 버리므로 햇볕이 그다지 강하지 않은 오전에 볕을 쐬여 주고, 여름에는 발을 쳐 주어야 한다.

난의 꽃은 완전히 필 때까지는 2~3일이 걸리는데 그 기간에는 화분을 이동하지 않는 게 좋다. 그리고 온도를 10도 전

후로 낮게, 습도를 60~80퍼센트 정도 높게 유지하고 바람이 적당히 들게 하면 오래도록 꽃을 볼 수 있다. 또한 꽃이 핀 후 20~30일이 지나면 포기가 피로하여 쇠약해지는 경우가 있는데, 되도록 빨리 꽃대를 잘라 주는 것이 좋다.

벤자민

날이 더워지기 시작하면 벤자민 잎에 병충해가 들기 쉽다. 특히 5월 말경이면 벤자민 잎에는 투명하고 *끈끈한* 액체가 묻어 있는데 이때가 병충해를 주의해야 할 적기. 깍지벌레들이 수액을 빨아 먹기 때문이다.

깍지벌레는 이름처럼 깍지를 둘러쓰고 있는데(가루 깍지를 제외하고), 잎과 가지의 갈라진 부분에 숨어 있어 눈에 잘 띄지 않는다. 게다가 약을 쳐도 쉽게 죽지 않아 세심한 주의가 필요하다.

깍지벌레의 피해를 막으려면 우선 월동란을 제거해야 한다. 월동란은 줄기와 가지, 잎자루 사이에 많으므로 솔로 문질러 알 덩이를 없애도록 한다. 그리고 여름에서 가을 사이 새끼줄을 감아 주었다가 겨울에 태워 버리는 것도 한 방법. 약충이 부화하는 시기인 5월경 *끈끈이*를 칠해도 예방 효과가 있다.

선인장

선인장은 환경 적응력이 뛰어나 한데 모아 심는 분경으로 제격이다. 먼저 평평하고 깊이가 얕은 화분(내지 접시)을 구해 망으로 배수 공을 막은 후 자갈을 깔고 그 위에 마사토와 질석, 피트모스를 2 : 1 : 1 비율로 섞어 깐다. 키 큰 것을 중앙에, 작은 것을 바깥으로 해서 심고 남은 여백은 미화석으로 처리한 뒤 충분히 물을 주면 된다. 단, 한 장소에 오래 두어선 안 된다. 번식을 시키려면 붙어 자라는 새끼를 떼어 며칠간 그늘에 말려 상처 부위에 막이 생기길 기다렸다가 배수가 잘 되는 곳에 심으면 된다.

　키우기 적합한 선인장으로는 둥근 모양의 금호, 반약, 금황환, 비목단, 단봉옥, 왕관용, 신천지와 길쭉한 모양의 귀면각, 오차각, 부채선인장(분경으로는 부적합), 늘어지는 모양의 쥐꼬리선인장, 게발선인장, 다육식물에 속하는 십이지권, 천대전금, 칠복수, 사해파, 카란코에, 유카, 알로에, 토끼귀 등이 있다.

신답서스

일명 스킨답서스라고 불리는 이 식물은 홉반을 이용해 붙어 올라간다. 이것을 구입할 때는 화분이 큰 것을 골라야 한다. '덩굴 화분Hanging'은 위에다 걸어 놓고 늘어지게 하거나, 벽에 붙여 올라가게 할 수 있는데 전자의 경우 잎이 점점 작아지는 흠이 있다. 또한 덩굴 화분은 배수공으로 흙이 잘 빠져 나가므로 수시로 유기질이 풍부한 흙을 보충해 주어야 한다.

놓을 장소가 정해지면 물 받침대를 놓고 벽돌 2장을 얹은 다음 화분을 올려 놓는다. 벽에 그냥 붙일 경우 스카치테이프로 줄기를 붙이거나 끈을 내려 묶어 준다. 이때 나무 각재나 수피를 알맞게 켜서 붙여 주면 더욱 좋다.

물은 마르지 않게 수시로 줘야 하며, 잎에는 영양제를 자주 뿌려 주도록 한다. 또한 실내는 광량이 부족하므로 광합성이 원활하도록 잎에 묻은 먼지를 닦아 주자. 뒷면을 손으로 받친 다음 부드러운 면손수건으로 살짝 문질러 주면 된다. 그리고 덩굴이 오래되면 쇠약해지기 쉬우므로 가끔 잎을 솎아 주는 게 좋다. 더운 여름철에 잘라 주면 새순이 잘 나오는 게 특징이다.

행운목

맹아력(눈이 트이는 정도)이 강한 행운목은 가지를 잘라 주어 키를 조절할 수 있다. 그 시기는 온도와 습도가 높은 6~7월경이 좋으며, 바깥쪽으로 향한 눈의 위를 잘라 준 뒤 썩는 것을 막기 위해 상처보호제를 바른다. 이 외에도 '공중 취목(높이 떼기)'이라는 방법이 있는데 이는 가지를 잘라 내 그것으로 새로운 개체를 만드는 것이다. 이 역시 6~7월경에 실시하는데 자를 부위의 껍질을 1센티미터 정도 벗겨 내고 깨끗한 이끼로 감싼 뒤 마르지 않게 해 준다. 그러면 2개월 정도 후에 벗겨 낸 부분 위에서 뿌리가 생긴다.

그런데 안타깝게도 야자류(아레카, 켄챠, 도시루 등)는 생장점이 하나밖에 없어 행운목처럼 전지를 할 수 없다. 이런 나무는 잎을 솎아 생장을 조절하고, 애초에 구입할 때부터 너무 큰 것을 고르지 않도록 한다.

허브 식물

허브 식물들은 향이 강하다는 공통점이 있다. 이런 허브 식물들을 잘 키우려면 해가 잘 들고, 바람이 잘 통하며, 물이 잘 빠지는 곳에 두는 것이 좋다. 화분에 심어 기를 경우 창가나 실외에서 키우다가 교대로 실내에 들여놓으면 제대로 된 향을 음미할 수 있다. 물을 줄 때는 표면의 흙이 하얗게 건조해질 때 화분 밑으로 물이 흘러내릴 정도로 듬뿍 주며, 여름에는 물을 자주 주지 않는 것이 좋다.

허브를 고를 때는 각각의 특성을 알아야 한다. 습기에 약한 허브는 로즈메리, 라벤더, 타임, 타라곤, 세이지, 화분에서 많이 기르는 허브는 오레가노, 타임 라벤더, 제라늄, 늘 푸른 허브는 라벤더, 로즈메리, 타임, 히솝, 음지나 반음지에서도 생육이 좋은 허브는 레몬밤, 민트, 제라늄, 차빌, 노지에서 월동 가능한 허브는 케모마일, 레몬밤, 오레가노, 페퍼민트, 스피아민트, 안젤리카, 히솝, 타임, 디기탈리스 등이 있다. 각각의 허브가 가진 효과를 기억해 두었다가 상황에 맞게 쓰는 것도 방법인데, 효과는 다음과 같다.

- **디기탈리스** - 강심 작용
- **딜** - 건위, 구취 제거
- **라벤다** - 정신 안정
- **레몬밤** - 강장, 치통
- **로즈메리** - 두통, 소화, 향초, 살균
- **마조람** - 피부 정화
- **민트** - 살균, 소화
- **세이지** - 궤양, 상처
- **스위트바질** - 신경 강장제
- **안젤리카** - 진정, 건위
- **야로우** - 외상치료, 설사
- **오레가노** - 간장, 이뇨, 진정
- **캐모마일** - 진정, 불면증
- **타임** - 살균
- **히솝** - 감기, 기관지염

조경 식물 편

〔 나무 고르기 〕

나무의 생육을 결정짓는 가장 중요한 요소는 온도와 수분이다. 그러나 인위적인 환경에서는 공해, 광선, 토양, 생육 공간, 바람 등까지 고려해서 나무를 골라야 한다. 먼저 공해의 경우 그 저항력이 수종에 따라 큰 차이가 있다. 은행나무, 향나무, 버드나무, 등나무 등은 공해에 강한 반면, 소나무, 전나무, 단풍나무, 느티나무, 목련 등은 공해에 많이 약하다.

다음으로 고려할 것이 광선의 정도. 가문비나무, 회양목, 서어나무, 동백나무 등은 그늘에서도 잘 자란다. 반면 느티나무, 플라타너스, 벚나무, 이팝나무, 모과나무, 개나리 등은 양지 바른 곳을 좋아한다.

토양도 중요한 요소인데, 소나무, 느티나무, 목백합, 벽오동, 참나무 등과 같은 큰 키 나무들은 기본적으로 토심이 깊은 곳이 좋다. 또한 단풍나무, 벚나무, 버드나무, 매화나무, 아까시나무, 대나무 등의 낮은 키 나무들은 뿌리가 옆으로 뻗는 천근성 나무들이므로 주위에 충분한 공간이 필요하다.

나무에 따라 건조한 곳을 좋아하는 나무가 있고, 수분이 많은 곳을 좋아하는 나무가 있으니 이것 또한 반드시 고려해야 한다.

〔 나무 옮기기 〕

나무는 5~10도 이하가 되면 생육이 정지되는 동시에 잠을 자는데, 대체적으로 이 시기가 나무를 옮기기에 가장 좋다. 특히 눈이 움직이기 직전인 이른 봄과 휴면기로 접어들기 시작하는 가을이 가장 좋은데, 이 시기에는 증산량이 적고 비도 알맞게 내려 흙이 뿌리에 밀착하기 때문에 새로운 곳으로 옮겨져도 뿌리를 내리기가 쉽다. 일반적으로 침엽수류와 상록 활엽수류는 이른 봄과 장마철에 옮겨 심고, 낙엽수류는 낙엽이 진 뒤부터 이른 봄 사이에 옮겨 심는 것이 가장 좋다. 알맞은 시기가 아니지만 부득이하게 옮겨 심어야 할 때는 잔가지를 일부 쳐내 잎의 수를 줄여서 증산량을 줄여 주어야 한다. 잎에 증산억제제를 뿌리는 것도 한 방법이다. 또한 뿌리가 가급적 다치지 않도록 주의하여 수분 흡수가 원활하도록 한다.

시기를 결정한 다음엔 반드시 다음과 같은 것을 고려해서 나무를 옮기자.

뿌리돌림

이식이 곤란한 수종이나 거목, 노목, 쇠약한 나무, 시기에 맞지 않게 옮길 나무들은 뿌리돌림(사전에 잔뿌리를 나게 하는 것)을 시켜야 한다. 나무 밑동 지름의 3~5배를 파 내려가 굵은 뿌리 몇 개만 남겨 두고 나머지는 모두 예리한 칼이나 톱으로 잘라 버리는 것이 방법. 되묻을 때에는 흙을 조금씩 넣어 가면서 말뚝 끝으로 잘 다져 흙을 뿌리와 밀착시켜야 하고, 물을 주어서는 안 되며, 물이 고이지 않게 주변 배수로를 정비한다. 또 바람으로 인해 나무가 쓰러지지 않도록 지주목을 세운 뒤 뿌리털의 보온을 위하여 주위에 건초나 나뭇잎, 짚 등을 덮어 주고,

적당히 가지를 솎아 주는 게 좋다. 새 뿌리가 돋는 데 6개월에서 1년 이상 걸리는 것을 감안하되 계절적으로는 가을이 효과적이다.

분뜨기

분뜨기는 나무를 옮기는 도중 충격에 의해 뿌리분이 무너지는 걸 방지하고자 캐기 전에 뿌리분을 새끼줄로 감아 주는 것을 말한다. 먼저 줄기의 밑동을 새끼로 한 바퀴 감아 그 길이의 이분의 일을 반지름으로 하여 밑동 거죽을 따라 돌아가면서 금을 긋는다. 보통 밑동 지름의 약 네 배 정도 너비가 된다. 다만 뿌리가 옆으로 뻗는 천근성 수종이나 새 뿌리를 내리는 힘이 약한 전나무, 히말라야시다, 해송, 느티나무 등은 좀 더 분을 크게 뜨도록 한다. 뿌리분의 크기가 정해지면 잡초와 겉 흙을 걷어 낸 다음 직각으로 파 내려간다. 그 후 뿌리분의 옆 부분부터 나무 방망이로 고루 때려 흙을 죄어 가며 천천히 새끼를 감아 내려간다. 감는 작업이 끝나면 나무가 쓰러지지 않을 정도로 밑바닥을 파고 아래 위로 돌려 감는다.

운반

뿌리는 차 앞쪽으로 수관은 차 뒤쪽으로 가게 하며, 수피나 가지가 부러지지 않게 새끼나 가마니로 싸 준다. 또한 수분 증발을 막기 위해 물에 적신 거적이나 가마니로 뿌리를 덮어 주고, 도착한 즉시 심지 못할 경우 서늘한 곳에 옮긴 다음 거적으로 뿌리분을 덮어 두도록 한다.

〔 나무 심기 〕

나무를 심을 구덩이는 뿌리분의 크기보다 약간 크고 깊게 파야 하며(약 1.5배 정도), 판 흙은 겉 흙과 속 흙으로 나눠 쌓아 둔다. 그 다음 중심부에 잘 썩은 유기질 비료 한 삽을 겉 흙과 섞어 중심이 약간 높아지도록 넣은 다음 뿌리분과 비료가 직접 닿아 썩지 않도록 다시 표토를 그 위에 덮어 준다. 그 후 뿌리분이 깨지지 않도록 조심해서 구덩이 속에 앉힌 다음, 방향을 잘 잡아서 전에 심어졌던 깊이만큼 심는다. 너무 깊이 묻으면 생장에 장애를 일으켜 뿌리가 썩거나, 뿌리 호흡이 부적당하여 발육이 나빠지고 질식해 죽을 수도 있다.

그 다음 겉 흙을 먼저 채우고 그 위에 속 흙을 채우되 흙 속에 공간이 생기지 않도록 반 정도 덮고서 충분한 물을 부어 죽처럼 반죽을 한 후 다시 나머지 흙을 채워 준다. 되묻는 작업이 끝나면 남은 흙으로 나무 주위에 물집을 만들고 죽 쑤기를 한다.

〔 심은 나무 관리법 〕

옮겨 심은 나무를 제대로 자리 잡게 하기 위해 가장 신경 써야 할 것은 바로 수분 보존이다. 새 땅에 정착한 나무 뿌리가 흔들리면 새로 자라던 뿌리가 끊어져 수분 이동이 중단되어 잎이 마르게 된다. 따라서 지주목을 1년 이상 세워 두고 수시로 점검해야 한다.

또한 줄기를 통한 수분의 증산을 막기 위해 줄기를 새끼로 감고 진흙을 발라 주면 좋다. 이는 수분 증산을 방지해 줄 뿐더러 병충해의 침입과 여름철 뜨거운 햇볕으로부터 줄기가 타는 것을 막아 준다.

또 필요한 일이 멀칭 작업. 이는 볏짚이나 풀, 잡목 분쇄한 것을 나무 주위에 덮어 수분 증발을 지속적으로 막아 주는 것이다. 멀칭 작업은 잡초 발생을 방지하고 겨울에 지온을 유지하여 동해를 방지하는 효과도 있다. 특히 추운 지방에서 살아가기 힘든 나무이거나 영양 상태가 불균형한 나무일 경우 동해를 입기 쉬우므로 밑둥을 싸 주거나 뿌리 주위에 흙을 북돋

위 주고 멀칭을 해서 월동 준비를 해야 한다. 그런 대표적인 나무에는 배롱나무(목백일홍), 능소화, 모과, 감나무, 벽오동, 석류나무 등이 있다.

다음, 옮겨 심을 때 절단된 뿌리의 양만큼 전지를 해 주어야 한다. 즉 잎을 따 주거나 가지를 솎아 주고, 그 외에 꽃봉오리나 열매도 많은 영양분을 요구하므로 따 주어야 한다.

이때 나무를 보양시킨다고 비료를 주는 경우가 많은데, 뿌리가 내릴 때를 기다려 비료를 주는 게 좋다. 과습한 장마철이나 건조기를 피해 완숙된 유기질 비료를 주는 게 효과적이다. 다만 옮겨 심은 나무는 잠시 수세가 약해져 해충이 번식하기 쉬우므로 조기에 예방한다. 특히 소나무류에는 좀벌이 많이 발생하므로 침투성이 강한 약제를 뿌려 주거나 녹화마대 등으로 줄기 전체를 감싸 주도록 하자.

마지막으로 신경 써야 할 것은 물 주는 일이다. 물 주기 작업은 보통 봄부터 초여름 사이 가뭄이 계속되는 동안에 하는데, 땅이 건조하다고 너무 자주 주면 뿌리가 썩거나 옆으로만 자랄 확률이 높다. 또한 옮겨 심은 나무가 1년 이상 살았다고 해도 결코 안심해선 안 된다. 2년째 되는 4~6월 사이 건조기에 말라 죽는 경우도 종종 있기 때문이다.

그러므로 물을 줄 때는 다음과 같이 유의할 필요가 있다.

첫째, 흙을 만져 보자. 표면에서 5~10센티미터 정도 깊이의 흙을 손으로 비벼서 약간의 점도를 느낄 수 있으면 구태여 물을 줄 필요가 없고, 흙이 형태도 없이 부스러지면 물을 줄 적기이다.

둘째, 해 뜨기 전 새순을 관찰한다. 만일 이때 새순이 시들었으면 얼른 물을 주어야 한다. 싱싱한 나무들은 대낮에 새 잎이 시들었다가도 아침이면 빳빳이 서 있다. 만약 새순이 시들었다면 중병이 걸렸거나 매우 가물었다는 증거다.

셋째, 오랜 가뭄 끝에 비가 오기 시작할 때는 그동안 공기 중에 떠 있던 각종 오염 물질이 빗방울에 섞여 내리기 때문에, 샤워시키듯 물을 주어야 한다.

〔 가지 다듬기 〕

우선 말라 죽은 가지를 다듬는다. 굵은 가지의 경우 자른 면이 썩지 않도록 주의한다. 병충해의 피해를 입은 가지나, 아래로 처진 가지, 밑에서 움 돋는 가지, 웃자란 가지 등도 쳐 주어야 한다. 또 다른 가지와 맞닿아 서로 얽혀 있는 가지는 수피가 상할 수 있으므로 다듬어 주어야 한다. 안으로 향한 가지도 통풍을 막는 등 나무에 전혀 도움이 안 되므로 잘라 내는 것이 좋다.

계절별로 전정을 하는 요령은 다음과 같다.

봄 전정은 3~5월에 실시하는데 이 기간은 생장을 시작하는 시기이므로 강한 전정을 하면 나무가 쇠약해지고 절단 부위가 썩기 쉽다. 다만 봄에 일찍 꽃이 피는 진달래, 목련, 서향, 매화, 동백 등은 꽃이 진 후 전정을 하면 이듬해 많은 꽃을 볼 수 있다. 또한 상록 활엽수는 묵은 잎이 떨어지고 새 잎이 피어날 때가 전정의 적기이며 이때는 가지를 솎아 내거나 길이를 줄이는 작업 위주로 한다.

여름은 나무가 활발히 자라는 시기여서 수형이 흐트러지기 쉽다. 또한 웃자란 가지가 생겨 수관 내의 통풍이나 일조 상태가 불량하고 병충해로 인한 피해가 발생하게 마련. 따라서 여름 전정은 밀생된 부분을 솎아 내고 웃자란 가지를 잘라 내는 작업이 주를 이룬다.

가을 전정은 9~11월에 걸쳐 실시하는데 수형을 다듬는 정도의 약한 전정을 하는 것이 좋다. 또한 가을로 들어서면서 이미 수액의 활동이 느려지기 때문에 절단 부위가 썩기 쉬우니 주의해야 한다. 다만 몇몇 낙엽수는 10월경에 이미 휴면에 들어가는 것도 있는데, 이런 나무는 겨울 전정과 같은 강도의 전정을 실시해도 된다.

겨울 전정은 나무가 완전히 잠자고 있는 12~3월에 실시한다. 이때에는 굵은 가지를 쳐 내거나 베어 내는 등 강한 전정을 실시해도 나무의 손상이 적다. 특히 낙엽이 떨어지는 나무는 전체 모양을 쉽게 판별할 수 있어 병해를 입은 가지를 골라서 제거하기가 쉽다. 하지만 상록수는 추위로 인한 피해를 입기 쉬우며, 상처 부위에 냉기가 스며들어 상처 치유가 곤란하므로 이 시기를 피하는 것이 좋다.

참고로 전정을 하지 않는 나무는 독일가문비나무, 금송, 히말라야시다, 나한백과 같은 침엽수, 동백, 남천, 팔손이, 치자, 만병초 등의 상록 활엽수, 벚나무, 느티나무, 팽나무, 회화나무, 참나무류의 낙엽 활엽수이다.

〔 거름 주기 〕

정원수에 거름을 줄 때는 눈이 움직이기 전에 주는 게 좋다. 눈이 움직이는 힘이 강해지고 생장 또한 왕성해지기 때문이다. 그러나 질소 비료 같은 경우는 이듬해 봄에 생육을 시작할 때 효과를 보기 위해 가을에 미리 준다.

나무의 종류나 심어 놓은 상태에 따라 거름 주는 방법이 조금씩 다른데, 우선 흙이 몹시 건조했을 때에는 물을 먼저 주어 땅을 적셔야 하고, 두엄, 퇴비, 거름, 계분 등 유기물을 줄 때는 충분히 발효된 것을 주도록 한다. 그리고 속효성 거름을 줄 때는 늦어도 7월말 이전에 주도록 한다.

시중에서 구입할 수 있는 비료는 대략 다음과 같다. 먼저 조경용 상토와 부엽토가 있는데 이는 계분이 섞이질 않아 뿌리에 직접 닿아도 해가 없다. 이식시 밑거름 또는 웃거름으로 많이 사용된다. 그 다음 생명토가 있는데 이는 경사지나 암반에 사용되는 것으로 나무 이식시 뿌리에 얇게 부착하면 좋다. 지룡토는 지렁이 분비물이 주성분인데 이는 식물에 필요한 완벽한 토양을 만들어 낸다. 거름으로 흔히 쓰는 계분에는 질소와 인 성분이 많다는 장점이 있지만 뿌리에 직접 닿지 않도록 해야 하며, 부패가 적은 늦가을에 주는 것이 좋다.

〔 나무 치료법 〕

나무가 아플 때는 일단 병에 의한 것인지 해충에 의한 피해인지 살펴보아야 한다. 대부분 병해보다 충해가 크다. 그러나 충해 역시 초기에 방제하면 피해를 줄일 수 있다.

충해

해충의 종류로는 즙액을 빨아 먹는 흡즙성 해충(깍지벌레류, 응애류, 진딧물류, 방패나방 등), 잎을 갉아먹는 식엽성 해충(잎말이나방, 굴나방, 회양목 명나방, 텐트나방, 흰불나방, 솔나방 등), 나무에 구멍을 뚫고 즙액을 빨아 먹는 천공성 해충(하늘소류, 바구미류, 좀류, 박쥐나방 등), 벌레집을 만드는 충영성 해충(혹파리, 혹벌, 혹응애 등)이 있다. 충해는 영양 상태가 좋지 않거나 노쇠한 나무에 많이 나타나므로 나무를 튼튼하게 키우는 것이 가장 좋은 예방책이며 치료법이다. 나무를 부위별로 튼튼하게 유지하는 법은 다음과 같다.

뿌리의 경우 뿌리 주위에 석회와 규산, 고토, 아미노산이 다량 함유되어 있는 규산질 비료를 봄 가을에 1제곱미터당 100그램 정도 뿌려 주고 땅을 뒤집어 준다.

줄기는 육안 관찰이 용이하므로 기계적인 상처가 났으면 즉시 치료해 부휴균의 침입을 막아야 한다. 또한 피소 현상(줄기 밑동이 남서쪽 방향에서 수직으로 갈라 터지는 현상)이 잘 일어나는 단풍, 쪽동백, 층층나무 등은 가을에 밑동을 석회로 발라 주거나 짚으로 싸 주어야 한다. 수피가 거칠거칠하게 일어나는 느티나무, 소나무, 산수유, 선주목, 향나무 등은 두꺼운 장갑을 끼고 문질러 주거나 솔로 털어 주어 알을 없앤다.

잎은 물을 뿌려 먼지를 닦는 등 청결을 유지하는 게 중요하다. 흰 종이에 털어서 손으로 문질렀을 때 녹색이 번지면 응애가 있다는 증거다. 응애는 그 크기가 0.4~0.5밀리미터인지라 눈에 잘 띄지 않는데 고온 건조한 6~7월에 증식력이 높아져 8~9월에 밀도가 가장 높고 11월까지 피해를 준다. 고온 건조 시에 물을 자주 뿌려 주고 천적들이 살 수 있는 환경을 만들어 주는 것이 최선책이다.

해충에 의한 나무의 피해를 막는 데는 무엇보다 천적으로 자연 방제를 하는 게 가장 효과적이다. 땅을 파 비닐을 깔고 물을 채우면 개구리를 키울 수 있다. 플라스틱 통을 이용한 수조도 괜찮다. 그렇게 만든 연못 속에 논 흙이나 밭 흙을 넣고 수생 식물을 심어 다양한 생물들이 서식하게 한다. 또 나무 밑에 유기농사를 짓는 곳에서 볏짚을 구해 깔아 주면 그 안에 있던 거미 알이 부화해 그것으로 해충을 막을 수 있다. 주변에서 무당벌레를 구해 나무에 놓는 것도 좋은 방법인데, 그러면 즙액을 빨아 먹는 진딧물 수가 현저히 줄게 된다.

천적을 이용하는 한편 사람이 직접 해충을 잡을 수도 있다. 회양목 명나방의 경우 보호색 때문에 잘 보이지 않지만 젓가락으로 잡아 내면 약제 살포보다 더 효과적이다. 잎벌레, 바구미, 풍뎅이 등은 나무를 흔들면 떨어져 죽은 시늉을 하는데 속지 말고 잡아 주자. 천공성 해충은 철사를 구멍에 넣어 찔러 죽이면 된다. 또한 나무에 천공성 해충이 뚫고 들어갈 때에는 구멍을 뚫을 당시 톱밥이 외부로 유출되므로 쉽게 눈에 띈다. 이럴 때는 50씨씨짜리 주사기를 이용해 수프라사이드(침투성 농약) 50배 액을 구멍에 넣고 씹던 껌으로 구멍을 막아 주면 된다.

이 외에 충해를 방지하는 데는 가을에 땅을 갈아 엎는 것도 효과적이다. 땅을 깊이 갈아엎어 땅 속에서 월동하는 해충을 얼어 죽게 하는 것으로 풍뎅이류, 잎벌레 등에 효과가 있다. 또한 이와 비슷한 원리로 잠복소를 설치해 두기도 한다. 가을이 되면 나방의 유충들이 월동을 위해 나무에서 땅으로 내려오는데 이때 줄기를 짚이나 새끼, 가마니 등으로 감싸 유충을 유인해 두었다가 이듬해 봄에 벗겨서 태우는 것이다. 잠복소는 늦어도 10월 중에, 윗부분을 느슨하게 해서 지상 1미터 정도 되는 곳에 설치한다. 단 3월 전에 떼어 내 태워야 효과가 있다.

병해

나무가 병을 일으키는 원인에는 곰팡이 균 등을 포함한 생물성 병원에 의한 전염성 병과, 부적당한 토양이나 기상조건, 유해물질, 농기구 등에 기인한 비전염성 병이 있다. 병해는 일단 육안으로 확인되는 경우가 많으므로 판별 가능한 증상을 알아

두는 것이 좋다.

가장 먼저 색깔. 나무가 병이 들면 조직이나 기관이 변색되게 마련이다. 만일 반점형으로 색이 변할 때는 대부분 병균에 의한 피해라 할 수 있다. 그러나 생리적 피해로 변색될 때는 나무 전체가 변하는 특징을 보인다. 다음으로 살필 것이 구멍. 병해를 입은 나뭇잎엔 흔히 구멍이 생기는데 이는 병에 전염된 부위가 빠져 나가 생기는 것이다. 이때 생기는 구멍은 해충의 피해와는 달리 그 크기와 모양이 일정하다.

나무가 시드는 것도 병해를 의심해 볼 만한 특징이다. 일단 나무가 시든다면 뿌리나 줄기의 병뿐 아니라 해충의 피해나 배수 불량 등도 의심해 볼 수 있다. 또한 나무의 잎이나 줄기 등이 유독 작아지거나 커지는 것도 병해 때문일 가능성이 크다. 연약한 가지와 잎이 마치 빗자루 모양으로 변할 때, 가지가 국소적으로 고사할 때, 수분이나 점액, 고형 물질이 분비될 때도 병해를 의심해 봐야 한다.

이런 병해를 사전에 예방하려면 여러 가지를 신경 써야 한다. 특히 비료를 줄 때 균형을 유지하는 것이 중요한데 일반적으로 질소 비료를 과용하면 동해, 또는 상해를 입기 쉬울 뿐 아니라 병의 발생률도 높아진다. 또 병든 잎이나 가지는 병원균들의 월동 장소로 이듬해 봄의 1차 전염원이 되므로 전염을 일으키기 전에 제거해 주는 게 좋다.

이미 병해가 발생했다면 치료에 들어가야 한다. 치료법에는 약제를 주입 살포 또는 발라 주거나 뿌리로부터 흡수시키는 내과적 요법과, 환부를 잘라 내고 그 자리를 보강하는 외과적 요법이 있다.

내과적 요법 중에서 우리나라에서는 현재 빗자루병에 걸린 대추나무에 옥시테트라사이클린을 수간에 주입하여 치료할 수 있으며, 소나무의 잎녹병을 치료하기 위해 사이클로헥사마이트를 살포하여 좋은 효과를 얻고 있다.

외과적 요법은 가지마름병, 줄기마름병, 썩음병 등에 걸렸을 때 실시된다. 수술 방법은 피해 부위에 따라 다르지만 시기는 일반적으로 물이 오르기 전이 좋으며 어떤 경우라도 환부를 완전히 제거하는 것이 원칙이다. 이미 병균에 오염되었거나 부패된 부분이 있으면 먼저 예리한 도구를 사용하여 깨끗이 깎아 주도록 한다. 그 후 탈지면에 70퍼센트의 알코올을 묻혀 수술 부위를 여러 번 문질러 소독하고, 침투성 살충제를 살포해야 한다. 이때 물이 스며들지 않도록 방수 처리를 해야 하는데 일반적으로 톱신페스트(상처보호제)를 발라 주면 된다.

수술 등으로 상처가 난 가지나 줄기의 수피에는 스스로 치유하는 능력이 있어 상처면 둘레에 유합조직이 해마다 형성되며, 수년이 지나면(1년에 1센티미터 정도) 상처면이나 절단면을 덮어 똑같은 수피층이 만들어진다. 절단면이나 상처가 작을수록 빨리 치유가 되니 수술시 주의토록 한다.

나는 나무처럼 살고 싶다

초판 1쇄 발행 2021년 2월 8일
초판 10쇄 발행 2023년 12월 18일

지 은 이 | 우종영
발 행 인 | 강수진
편 집 장 | 유소연
편   집 | 조예은
마 케 팅 | 이진희
디 자 인 | 어나더페이퍼
표지 그림 | 이영지
사   진 | 우종영 홍찬표

주   소 | (04075) 서울시 마포구 독막로 92 공감빌딩 6층
전   화 | 마케팅 02-332-4804 편집 02-332-4806
팩   스 | 02-332-4807
이 메 일 | mavenbook@naver.com
홈페이지 | www.mavenbook.co.kr
발 행 처 | 메이븐
출판등록 | 2017년 2월 1일 제2017-000064

이 도서의 국립중앙도서관 출판예정도서목록(CIP)은 서지정보유통지원시스템 홈페이지(http://seoji.nl.go.kr)와 국가자료공동목록시스템(http://www.nl.go.kr/kolisnet)에서 이용하실 수 있습니다.(CIP제어번호: CIP2020054448)